Antología poética

Sección: Clásicos

Francisco de Quevedo:
Antología poética

Prólogo y selección de
Jorge Luis Borges

El Libro de Bolsillo
Alianza Editorial
Madrid

© prólogo y selección: Jorge Luis Borges
© Alianza Editorial, S. A., Madrid, 1982
Calle Milán, 38; ☎ 200 00 45
ISBN: 84-206-1873-X
Depósito legal: M. 2.141-1982
Compuesto en Fernández Ciudad, S. L.
Impreso en Closas-Orcoyen, S. L. Polígono Igarsa
Paracuellos del Jarama (Madrid)
Printed in Spain

# Prólogo

*Acaso nadie, fuera de su ostensible rival y secreto cómplice, Góngora, ha paladeado el castellano, el peculiar sabor de cada palabra y de cada sílaba, como don Francisco de Quevedo y Villegas, caballero de la Orden de Santiago y señor de la Villa de la Torre de Juan Abad. Así le placía presentarse en la carátula de sus libros; así se engalanaba de sonidos, que ahora son inútiles y le pesan. Ahora es Quevedo, para siempre y para nosotros.*

*Hacia 1950, traté de investigar la razón de la curiosa gloria parcial que le ha tocado en suerte. En los censos mundiales de grandes nombres el suyo no figura. Esa terca omisión me sorprendió. Creí haberla descubierto en el hecho de que no vinculamos fácilmente el nombre de Quevedo al nombre de un libro. Decir Cervantes es decir el Quijote, decir Goethe es decir el Fausto; Quevedo, en cambio, está disperso en toda su miscelánea labor como el Dios de los panteístas.* Jovis omnia plena.

*Esa razón es justa, pero ciertamente no es la única. Creo haber dado ahora con otra, que me parece indiscutible. Quevedo es un gran escritor verbal. Todos los escritores lo son, en el sentido de que su instrumento son las palabras, pero, en la mayoría de los casos, éstas son un medio, no un fin. Para Quevedo, como para Mallarmé o para Joyce, la palabra es lo intrínseco. Veamos el más famoso de los sonetos, el que lleva el número 223 en la edición de Blecua:*

Faltar pudo su patria al grande Osuna,
pero no a su defensa sus hazañas;
diéronle muerte y cárcel las Españas,
de quien él hizo esclava la Fortuna.

Lloraron sus invidias una a una
con las proprias naciones las extrañas;
su tumba son de Flandres las campañas,
y su epitafio la sangrienta luna.

En sus exequias encendió al Vesubio
Parténope, y Trinacria al Mongibelo;
el llanto militar creció en diluvio.

Dióle el mejor lugar Marte en su cielo;
la Mosa, el Rhin, el Tajo y el Danubio
murmuran con dolor su desconsuelo.

*A continuación transcribo otro, el 242, hoy razonablemente olvidado, que no figura en la antología:*

De la Asia fue terror, de Europa espanto,
y de la Africa rayo fulminante;
los golfos y los puertos de Levante
con sangre calentó, creció con llanto.

Su nombre solo fue vitoria en cuanto
reina la luna en el mayor turbante;
pacificó motines en Brabante:
que su grandeza sola pudo tanto.

Divorcio fue del mar y de Venecia,
su desposorio dirimiendo el peso
de naves, que temblaron Chipre y Grecia.

¡Y a tanto vencedor venció un proceso!
De su desdicha su valor se precia:
¡murió en prisión, y muerto estuvo preso!

*Es evidente que el propósito inicial de los dos fue redactar un alegato, un texto menos épico que oratorio y ciertamente no elegíaco. No hay un solo rasgo íntimo; Quevedo lamenta la muerte y la prisión de su amigo, pero ninguna de las dos composiciones encierra un solo verso que nos deje sentir esa amistad. Vemos a Osuna como terrorífico* (De la Asia fue terror, de Europa espanto), *no como querible o querido. Ambos sonetos abusan de la misma figura, la hipérbole increíble. En el primero se lee* El llanto militar creció en diluvio; *en el segundo,* Con sangre calentó, creció con llanto. *Juzgados por la mera razón ambos sonetos, el perdurable y el justicieramente olvidado, son uno solo. Su diferencia está en la forma* y la forma es todo en Quevedo. El primero, dictado por la emoción, no nos transmite esa emoción; más allá de la hoja de servicios que versifica, es un puro objeto verbal, una cosa que el autor agrega a las cosas que son el universo. La línea Y su epitafio la sangrienta luna *permite dos interpretaciones: la luna, debidamente roja, sobre los campos de batalla de Flandes, y la blanca medialuna, sobre fondo rojo, de la bandera turca. Quevedo habrá imaginado las dos; lo significativo es el hecho de que nuestra emoción precede a las interpretaciones y no depende de ellas.*

*Examinemos el undécimo verso.* El llanto militar es eficaz y borra el subsiguiente diluvio; «el llanto de los militares» tendría el mismo sentido y resultaría ridículo. Ello sugiere que un poema, o un verso, es un sistema de cadencias, de imágenes y de palabras, del todo inaccesible a la mera lógica e indescifrablemente secreto.

*Releamos las dos líneas del fin. Acude a mi recuerdo la invectiva de Wordsworth contra aquel Douglas que, urgido por el mero afán de destruir, hizo talar* «la noble horda, la hermandad de árboles venerables» *que custodiaba su castillo. Lo fulmina espléndidamente, pero se asombra de haber condenado males que la naturaleza parece no advertir, ya que las montañas puras y el suave río y las verdes praderas silenciosas perduran, inocentes. Resulta extraño comprobar que la veracidad de Wordsworth que declara la indiferencia de la naturaleza ante la destrucción de los árboles, y la ilustre hipérbole de Quevedo, que hace que los ríos de Europa lamenten la muerte de Osuna, son, para la inteligencia, contra-*

rias y para nuestro sentir estético, iguales. Cabe asimismo recordar que para la imaginación del siglo dieciséis, nutrida de memorias clásicas, los ríos eran todavía divinidades capaces de compartir las penas humanas.

Antes de Quevedo y de Góngora, la literatura española podía fluir. Sobran ejemplos de ello; básteme recordar el Romancero y Villasandino y Manrique y Luis de León y San Juan de la Cruz y, tantas veces, Lope y Cervantes. Quevedo y Góngora ya son espléndidos ocasos; el lenguaje se hace barroco, los rostros se endurecen en máscaras.

En el caso de Baltasar Gracián doquier sentimos el rigor de la muerte; en el de Quevedo conviven aún el inocente ímpetu, el buen descuido, que le permiten iniciar una composición importante con el ingrato verso

No he de callar, por más que con el dedo...

*y la vanilocuencia ostentosa que lo lleva a líneas como ésta en el mismo poema:*

y rumia luz en campos celestiales.

*Una sentencia como* El coram vobis iluminado de panarras, con arreboles de brindis *no es otra cosa que una pura estructura verbal, del todo ajena a su posible sentido. No menos significativa es esta oración del capítulo final del Gran Tacaño:* Estudié la jacarandina, y a pocos días era rabí de los otros rufianes. *Diríase que para el autor hacerse rufián es menos una declinación del carácter, un lento declive de la conciencia, que el aprendizaje de un vocabulario. Prima siempre el lenguaje.*

*Casi nunca dejamos de sentir que una página de Quevedo, como una página de Flaubert o de Milton, es la ejecución de un propósito prefijado, no un imprevisto don del Espíritu. Hay memorables excepciones; verbigracia, el íntimo soneto que dedicó a los libros y a su lectura y que empieza así:*

Retirado en la paz de estos desiertos...

*Su índole verbal es la causa de que sea intraducible y de que su fama se mida con las crecientes fronteras del castellano.*

*Hace años yo compuse una parábola cuyo protagonista es un hombre que en una alta y larga pared que nada nos impide imaginar como indefinida y tal vez infinita se propone dibujar el mundo. Va dibujando naves, anclas, torres, árboles, peces, pájaros, rostros, martillos, jazmines, espadas, máscaras, nubes y cadenas; cuando llega la hora de su muerte, advierte que esas diversas configuraciones componen, de manera imprevista, un rostro humano: el suyo. Tal es el caso de Quevedo, que no ha legado a nuestra memoria un personaje, a la manera de las muchedumbres de Balzac o de Dickens, pero sí una inconfundible imagen: la suya.*

*Nuestro siglo ha perdido, entre tantas cosas, el arte de la lectura. Hasta el siglo dieciocho ese arte era múltiple. Quienes leían un texto recordaban otro texto invisible, la sentencia clásica o bíblica que ha-*

*bía sido su fuente y que el autor moderno quería emular y traer a la memoria. Quevedo quería que el lector de los versos*

Huya el cuerpo indignado con gemido
debajo de las sombras

*pensara en el fin de la* Eneida*:*

Vitaque cum gemitu fugit indignata sub umbras

*Otro ejemplo. Quevedo famosamente escribe*

Polvo serán, mas polvo enamorado

*para que quien leyere recuerde a Propercio:*

Ut meus oblito pulvis amore jacet.

*Nuestro tiempo, devoto de la ignorante superstición de la originalidad, es incapaz de leer así.*

*Quevedo, como toda su época, sentía la nostalgia del latín y de su perdido Paraíso de brevedades. Quiso recuperar el hipérbaton, que ofrece inconexas palabras a la atención y las ordena y justifica después. Escribió, por ejemplo:*

Feroz de tierra el débil muro escalas...

*No alcanzó la felicidad de Rodrigo Caro:*

Estos Fabio, ay dolor, que ves ahora
campos de soledad, mustio collado...

*cuya primera línea es un caos, que la segunda clarifica y ordena.*

*He equiparado a Góngora y a Quevedo, que es costumbre contraponer. El tiempo borra o atenúa las diferencias. Los adversarios acaban por confundirse; los une el común estilo de su época. He aquí una pieza que por razones obvias no figura en esta antología:*

> Menos solicitó veloz saeta
> destinada señal que mordió aguda;
> agonal carro por la arena muda
> no coronó con más silencio meta,
>
> que presurosa corre, que secreta,
> a su fin nuestra edad. A quien lo duda,
> fiera que sea de razón desnuda,
> cada Sol repetido es un cometa.
>
> ¿Confiésalo Cartago, y tú lo ignoras?
> Peligro corres, Licio, si porfías
> en seguir sombras y abrazar engaños.
>
> Mal te perdonarán a ti las horas,
> las horas que limando están los días,
> los días que royendo están los años.

*Es un soneto típico de Quevedo y lo escribió Góngora.*

*Hermanos enemigos, el culteranismo y el conceptismo son dos especies antagónicas del género barroco. ¿De qué manera definir lo barroco? Ignoro lo que dicen los tratadistas; yo diría que corresponde a esa etapa en que el arte propende a ser su parodia y se interesa menos en la expresión de un sentimiento que en la fabricación de estructuras que buscan el asombro. El defecto esencial de lo barroco es de carácter ético; denuncia la vanidad del artista. Ello no impide que la pasión, que es elemento indispensable de la obra estética, se abra camino a través de las deliberadas simetrías o asimetrías de la forma y nos inunde, espléndida.*

*Acaso Quevedo es el mejor ejemplo de esa virtud de lo barroco.*

JORGE LUIS BORGES

## Represéntase la brevedad de lo que se vive y cuán nada parece lo que se vivió

«¡Ah de la vida!»... ¿Nadie me responde?
¡Aquí de los antaños que he vivido!
La Fortuna mis tiempos ha mordido;
las Horas mi locura las esconde.

¡Que sin poder saber cómo ni adónde
la salud y la edad se hayan huido!
Falta la vida, asiste lo vivido,
y no hay calamidad que no me ronde.

Ayer se fue; mañana no ha llegado;
hoy se está yendo sin parar un punto;
soy un fue, y un será, y un es cansado.

En el hoy y mañana y ayer, junto
pañales y mortaja, y he quedado
presentes sucesiones de difunto.

Salmo I

Un nuevo corazón, un hombre nuevo
ha menester, Señor, la ánima mía;
desnúdame de mí, que ser podría
que a tu piedad pagase lo que debo.

Dudosos pies por ciega noche llevo,
que ya he llegado a aborrecer el día,
y temo que hallaré la muerte fría
envuelta en (bien que dulce) mortal cebo.

Tu hacienda soy; tu imagen, Padre, he sido,
y, si no es tu interés en mí, no creo
que otra cosa defiende mi partido.

Haz lo que pide verme cual me veo,
no lo que pido yo: pues, de perdido,
recato mi salud de mi deseo.

## Salmo XVII

Miré los muros de la patria mía,
si un tiempo fuertes, ya desmoronados,
de la carrera de la edad cansados,
por quien caduca ya su valentía.

Salíme al campo, vi que el sol bebía
los arroyos del yelo desatados,
y del monte quejosos los ganados,
que con sombras hurtó su luz al día.

Entré en mi casa; vi que, amancillada,
de anciana habitación era despojos;
mi báculo, más corvo y menos fuerte;

vencida de la edad sentí mi espada.
Y no hallé cosa en que poner los ojos
que no fuese recuerdo de la muerte.

Salmo XIX

¡Cómo de entre mis manos te resbalas!
¡Oh, cómo te deslizas, edad mía!
¡Qué mudos pasos traes, oh muerte fría,
pues con callado pie todo lo igualas!

Feroz, de tierra el débil muro escalas,
en quien lozana juventud se fía;
mas ya mi corazón del postrer día
atiende el vuelo, sin mirar las alas.

¡Oh condición mortal! ¡Oh dura suerte!
¡Que no puedo querer vivir mañana
sin la pensión de procurar mi muerte!

Cualquier instante de la vida humana
es nueva ejecución, con que me advierte
cuán frágil es, cuán mísera, cuán vana.

Burla de los que con dones quieren granjear
del Cielo pretensiones injustas

Para comprar los hados más propicios,
como si la deidad vendible fuera,
con el toro mejor de la ribera
ofreces cautelosos sacrificios.

Pides felicidades a tus vicios;
para tu nave rica y usurera,
viento tasado y onda lisonjera,
mereciéndole al golfo precipicios.

Porque exceda a la cuenta tu tesoro,
a tu ambición, no a Júpiter, engañas;
que él cargó las montañas sobre el oro.

Y cuando l'ara en sangre humosa bañas,
tú miras las entrañas de tu toro,
y Dios está mirando tus entrañas.

Reprehende a un amigo débil en el sentimiento
de las adversidades, y exhórtale a su tolerancia

Desacredita, Lelio, el sufrimiento
blando y copioso, el llanto que derramas,
y con lágrimas fáciles infamas
el corazón, rindiéndole al tormento.

Verdad severa enmiende el sentimiento
si, varón fuerte, dura virtud amas.
¿Castigo, con profana boca, llamas
el acordarse Dios de ti un momento?

Alma robusta en penas se examina,
y trabajos ansiosos y mortales
cargan, mas no derriban, nobles cuellos.

A Dios quien más padece se avecina;
Él está sólo fuera de los males,
y el varón que los sufre, encima dellos.

Abundoso y feliz Licas en su palacio,
sólo él es despreciable

Harta la toga del veneno tirio,
o ya en el oro pálida y rigente,
cubre con los tesoros del Oriente,
mas no descansa, ¡oh Licas!, tu martirio.

Padeces un magnífico delirio
cuando felicidad tan delincuente,
tu horror oscuro en esplendor te miente,
víbora en rosicler, áspid en lirio.

Competir su palacio a Jove quieres,
pues miente el oro estrellas a su modo
en el que vives sin saber que mueres.

Y en tantas glorias, tú, señor de todo,
para quien sabe examinarte, eres
lo solamente vil, el asco, el lodo.

## Desde la Torre

Retirado en la paz de estos desiertos,
con pocos, pero doctos, libros juntos,
vivo en conversación con los difuntos
y escucho con mis ojos a los muertos.

Si no siempre entendidos, siempre abiertos,
o enmiendan, o fecundan mis asuntos;
y en músicos callados contrapuntos
al sueño de la vida hablan despiertos.

Las grandes almas que la muerte ausenta,
de injurias de los años, vengadora,
libra, ¡oh gran don Iosef!, docta la emprenta.

En fuga irrevocable huye la hora;
pero aquélla el mejor cálculo cuenta
que en la lección y estudios nos mejora.

A una mina

   Diste crédito a un pino
a quien del ocio dura avara mano
trajo del monte al agua, peregrino,
¡oh Leiva, de la dulce paz tirano!
Viste, amigo, tu vida
por tu codicia a tanto mal rendida.
Arrojóte violento
adonde quiso el albedrio del viento.
¿Qué condición del Euro y Noto inoras?
¿Qué mudanzas no sabes de las horas?
Vives, y no sé bien si despreciado
del agua, o perdonado.
¡Cuántas veces los peces que el mar cierra
y tuviste en la tierra
por sustento, en la nave mal segura,
les llegaste a temer por sepoltura!
¿Qué tierra tan extraña
no te obligó a besar del mar la saña?

¿Cuál alarbe, cuál scita, turco o moro,
mientras al viento y agua obedecías,
por señor no temías?
Mucho te debe el oro
si, después que saliste,
pobre reliquia, del naufragio triste,
en vez de descansar del mar seguro,
a tu codicia hidrópica obediente,
con villano azadón, del cerro duro
sangras las venas del metal luciente.
¿Por qué permites que trabajo infame
sudor tuyo derrame?
Deja oficio bestial que inclina al suelo
ojos nacidos para ver el cielo.
¿Qué te han hecho, mortal, de estas montañas
las escondidas y ásperas entrañas?
¿Qué fatigas la tierra?
Deja en paz los secretos de la sierra
a quien defiende apenas su hondura.
¿No ves que a un mismo tiempo estás abriendo
al metal puerta, a ti la sepultura?
¿Piensa[s] (y es un engaño vergonzoso)
que le hurtas riqueza al indio suelo?
¿Oro llamas al que es dulce desvelo
y peligro precioso,
rubia tierra, pobreza disfrazada
y ponzoña dorada?

¡Ay!, no lleves contigo
metal de la quietud siempre enemigo;
que aun la Naturaleza, viendo que era
tan contrario a la santa paz primera,
por ingrato y dañoso a quien le estima,

y por más esconderte sus lugares,
los montes le echó encima;
sus caminos borró con altos mares.

  Doy que a tu patria vuelvas al instante
que el Occidente dejas saqueado,
y que dél vas triunfante;
doy que el mar sosegado
debajo del precioso peso gime
cuando sus fuerzas líquidas oprime
[la soberbia y el peso del dinero;]
doy que te sirva el viento lisonjero,
si su furor recelas;
doy que respete al cáñamo y las velas;
y, porque tu camino esté más cierto
(bien que imposible sea),
doy que te salga a recibir el puerto
cuando tu pobre casa ya se vea.
Rico, dime si acaso,
en tus montones de oro
tropezará la muerte o tendrá el paso;
si añidirá a tu vida tu tesoro
un año, un mes, un día, un hora, un punto.
No es poderoso a tanto el mundo junto.
Pues si este don tan pobre te es negado,
¿de qué esperanzas vives arrastrado?
Deja (no caves más) el metal fiero;
ve que sacas consuelo a tu heredero;
ve que buscas riquezas, si se advierte,
para premiar deseos de tu muerte.
Sacas, ¡ay!, un tirano de tu sueño;
un polvo que después será tu dueño,
y en cada grano sacas dos millones
de envidiosos, cuidados y ladrones.

Déjale, ¡oh Leiva!, si es que te aconsejas
con la santa verdad honesta y pura,
pues él te ha de dejar si no le dejas,
o te lo ha de quitar la muerte dura.

## Exhortación a una nave nueva al entrar en el agua

¿Dónde vas, ignorante navecilla,
que, olvidando que fuiste un tiempo haya,
aborreces la arena desta orilla,
donde te vio con ramos esta playa,
y el mar también, que amenazarla osa,
si no más rica, menos peligrosa?

Si fiada en el aire, con él vuelas,
y a las iras del piélago te arrojas,
temo que desconozca por las velas
que fuiste tú la que movió con hojas:
que es diferente ser estorbo al viento
de servirle en la selva de instrumento.

¿Qué codicia te da reino inconstante,
siendo mejor ser árbol que madero,
y dar sombra en el monte al caminante,
que escarmiento en el agua al marinero?

Mira que a cuantas olas hoy te entregas
les das sobre ti imperio si navegas.

   ¿No ves lo que te dicen esos leños,
vistiendo de escarmientos las arenas,
y aun en ellas los huesos de sus dueños,
que muertos alcanzaron tierra apenas?
¿Por qué truecas las aves en pilotos
y el canto de ellas en sus roncos votos?

   ¡Oh qué de miedos te apareja airado
con su espada Orïón, y en sus centellas
más veces te dará el cielo nublado
temores que no luz con las estrellas!
Aprenderás a arrepentirte en vano,
hecha juego del mar furioso y cano.

   ¡Qué pesos te previene tan extraños
la codicia del bárbaro avariento!
¡Cuánto sudor te queda en largos años!
¡Cuánto que obedecer al agua y viento!
Y al fin te verá tal la tierra luego,
que te desprecie por sustento el fuego.

   Tú, cuando mucho, a robos de un milano
en tiernos pollos hecha, peregrina,
y esclava de un pirata o de un tirano,
te harás del rayo de Sicilia dina;
y más presto que piensas, si te alejas,
el puerto buscarás, que ahora dejas.

   ¡Oh qué de veces, rota, en las honduras
del alto mar, ajena de firmeza,
has de echar menos tus raíces duras
y del monte la rústica aspereza!

Y con la lluvia te verás de suerte,
que en lo que te dio vida temas muerte.

No invidies a los peces sus moradas;
mira el seno del mar enriquecido
de tesoros y joyas, heredadas
del codicioso mercader perdido:
más vale ser sagaz de temerosa,
que verte arrepentida de animosa.

Agradécele a Dios, con retirarte,
que aprisionó los golfos y el tridente
para que no saliesen a buscarte;
no seas quien le obligue, inobediente,
a que nos encarcele en sus extremos,
porque, pues no nos buscan, los dejemos.

No aguardes que naufragios acrediten,
a costa de tus jarcias, mis razones;
deja que en paz sus campos los habiten
los nadadores mudos, los tritones:
mas si de navegar estás resuelta,
ya le prevengo llantos a tu vuelta.

## El reloj de arena

¿Qué tienes que contar, reloj molesto,
en un soplo de vida desdichada
que se pasa tan presto;
en un camino que es una jornada,
breve y estrecha, de este al otro polo,
siendo jornada que es un paso solo?
Que, si son mis trabajos y mis penas,
no alcanzarás allá, si capaz vaso
fueses de las arenas
en donde el ancho mar detiene el paso.
Deja pasar las horas sin sentirlas,
que no quiero medirlas,
ni que me notifiques de esa suerte
los términos forzosos de la muerte.
No me hagas más guerra;
déjame, y nombre de piadoso cobra,
que harto tiempo me sobra
para dormir debajo de la tierra.

    Pero si acaso por oficio tienes
el contarme la vida,
presto descansarás, que los cuidados
mal acondicionados,
que alimenta lloroso
el corazón cuitado y lastimoso,
y la llama atrevida
que Amor, ¡triste de mí!, arde en mis venas
(menos de sangre que de fuego llenas),
no sólo me apresura
la muerte, pero abréviame el camino;
pues, con pie doloroso,
mísero peregrino,
doy cercos a la negra sepultura.
Bien sé que soy aliento fugitivo;
ya sé, ya temo, ya también espero
que he de ser polvo, como tú, si muero,
y que soy vidro, como tú, si vivo.

## Reloj de campanilla

El metal animado,
a quien mano atrevida, industriosa,
secretamente ha dado
vida aparente en máquina preciosa,
organizando atento
sonora voz a docto movimiento;
en quien, desconocido
espíritu secreto, brevemente
en un orbe ceñido,
muestra el camino de la luz ardiente,
y con rueda importuna
los trabajos del sol y de la luna,
y entre ocasos y auroras
las peregrinaciones de las horas;
máquinas en que el artífice, que pudo
contar pasos al sol, horas al día,
mostró más providencia que osadía,
fabricando en metal disimuladas

advertencias sonoras repetidas,
pocas veces creídas,
muchas veces contadas;
tú, que estás muy preciado
de tener el más cierto, el más limado,
con diferente oído,
atiende a su intención y a su sonido.

La hora irrevocable que dio, llora;
prevén la que ha de dar; y la que cuentas,
lógrala bien, que en una misma hora
te creces y te ausentas.
Si le llevas curioso,
atiéndele prudente,
que los blasones de la edad desmiente;
y en traje de reloj llevas contigo,
del mayor enemigo,
espía desvelada y elegante,
a ti tan semejante,
que, presumiendo de abreviar ligera
la vida al sol, al cielo la carrera,
fundas toda esta máquina admirada
en una cuerda enferma y delicada,
que, como la salud en el más sano,
se gasta con sus ruedas y su mano.

Estima sus recuerdos,
teme sus desengaños,
pues ejecuta plazos de los años,
y en él te da secreto,
a cada sol que pasa, a cada rayo,
la muerte un contador, el tiempo un ayo.

## El reloj de sol

¿Ves, Floro, que, prestando la Arismética
números a la docta Geometría,
los pasos de la luz le cuenta al día?
¿Ves por aquella línea, bien fijada
a su meridiano y a su altura,
del sol la velocísima hermosura
con certeza espiada?
¿Agradeces curioso
el saber cuánto vives,
y la luz y las horas que recibes?
Empero si olvidares, estudioso,
con pensamiento ocioso,
el saber cuánto mueres,
ingrato a tu vivir y morir eres:
pues tu vida, si atiendes su doctrina,
camina al paso que su luz camina.
No cuentes por sus líneas solamente
las horas, sino lógrelas tu mente;

pues en él recordada,
ves tu muerte en tu vida retratada,
cuando tú, que eres sombra,
pues la santa verdad ansí te nombra,
como la sombra suya, peregrino,
desde un número en otro tu camino
corres, y pasajero,
te aguarda sombra el número postrero.

A los huesos de un rey que se hallaron en un
                    sepulcro, ignorándose,
            y se conoció por los pedazos de una corona

   Estas que veis aquí pobres y escuras
ruinas desconocidas,
pues aún no dan señal de lo que fueron;
estas piadosas piedras más que duras,
pues del tiempo vencidas,
borradas de la edad, enmudecieron
letras en donde el caminante junto
leyó y pisó soberbias del difunto;
estos güesos, sin orden derramados,
que en polvo hazañas de la muerte escriben,
ellos fueron un tiempo venerados
en todo el cerco que los hombres viven.
Tuvo cetro temido
la mano, que aun no muestra haberlo sido;
sentidos y potencias habitaron
la cavidad que ves sola y desierta;
su seso altos negocios fatigaron;

¡y verla agora abierta,
palacio, cuando mucho, ciego y vano
para la ociosidad de vil gusano!
Y si tan bajo huésped no tuviere,
horror tendrá que dar al que la viere.
¡O muerte, cuánto mengua en tu medida
la gloria mentirosa de la vida!
Quien no cupo en la tierra al habitalla,
se busca en siete pies y no se halla.
Y hoy, al que pisó el oro por perderle,
mal agüero es pisarle, miedo verle.
Tú confiesas, severa, solamente
cuánto los reyes son, cuánto la gente.
No hay grandeza, hermosura, fuerza o arte
que se atreva a engañarte.
Mira esta majestad, que persuadida
tuvo a la eternidad la breve vida,
cómo aquí, en tu presencia,
hace en su confesión la penitencia.
Muere en ti todo cuanto se recibe,
y solamente en ti la verdad vive:
que el oro lisonjero siempre engaña,
alevoso tirano, al que acompaña.
¡Cuántos que en este mundo dieron leyes,
perdidos de sus altos monumentos,
entre surcos arados de los bueyes
se ven, y aquellas púrpuras que fueron!
Mirad aquí el terror a quien sirvieron:
respetó el mundo necio
lo que cubre la tierra con desprecio.
Ved el rincón estrecho que vivía
la alma en prisión obscura, y de la muerte
la piedad, si se advierte,
pues es merced la libertad que envía.

Id, pues, hombres mortales;
id, y dejaos llevar de la grandeza;
y émulos a los tronos celestiales,
vuestra naturaleza
desconoced, dad crédito al tesoro,
fundad vuestras soberbias en el oro;
cuéstele vuestra gula desbocada
su pueblo al mar, su habitación al viento.
Para vuestro contento
no críe el cielo cosa reservada,
y las armas continuas, por hacerlas
famosas y por gloria de vestirlas,
os maten más soldados con sufrirlas,
que enemigos después con padecerlas.
Solicitad los mares,
para que no os escondan los lugares,
en donde, procelosos,
amparan la inocencia
de vuestra peregrina diligencia,
en parte religiosos.
Tierra que oro posea,
sin más razón, vuestra enemiga sea.
No sepan los dos polos playa alguna
que no os parle por ruegos la Fortuna.
Sirva la libertad de las naciones
al título ambicioso en los blasones;
que la muerte, advertida y veladora,
y recordada en el mayor olvido,
traída de la hora,
presta vendrá con paso enmudecido
y herencia de gusanos
hará la posesión de los tiranos.
Vivo en muerte lo muestra
este que frenó el mundo con la diestra;

acuérdase de todos su memoria;
ni por respeto dejará la gloria
de los reyes tiranos,
ni menos por desprecio a los villanos.
¡Qué no está predicando
aquel que tanto fue, y agora apenas
defiende la memoria de haber sido,
y en nuevas formas va peregrinando
del alta majestad que tuvo ajenas!
Reina en ti propio, tú que reinar quieres,
pues provincia mayor que el mundo eres.

## Alaba la calamidad

   ¡Oh tú, del cielo para mí venida,
dura, mas ingeniosa,
calamidad, a Dios agradecida,
sola, desengañada y religiosa
merced, con este nombre disfamada,
de mí serás cantada,
por el conocimiento que te debo;
y si no fuere docto, será nuevo
por lo menos mi canto
para ti, que naciste al luto y llanto,
a quien da la ignorancia injustas quejas!
Tú, que, cuando te vas, a logro dejas,
en ajeno dolor acreditado,
el escarmiento fácil heredado;
de nadie deseada,
y, a su pesar, de muchos padecida,
de pocos conocida,
de menos estimada;

tú, pues, desconsolada
calamidad, de inadvertidos llantos
flacamente mojada,
risueña sólo en ojos de los santos;
tú, hermosamente fea,
averiguaste lo que a Dios debía
en cautiverio la nación hebrea.
Por ti la vara tuvo valentía,
que armó contra el tirano
de maravillas a Moisén la mano,
al pie que peregrino y doloroso
el desierto pisaba temeroso;
la columna que ardía,
que contrahizo al sol, que fingió al día,
las piedras hizo desatar en fuentes
y vestirse de venas las corrientes;
halagó con las nubes los ardores,
disimuló con sombra los calores,
llovió mantenimiento
con maravilla y novedad del viento.

## Al inventor de la pieza de artillería

En cárcel de metal, ¡oh atrevimiento!,
que al cielo, si es posible, da cuidado,
¿quieres encarcelar libre elemento,
aun en las nubes nunca bien atado?
¿Al fuego, que no sabe
obedecer ni perdonar, te atreves?
¿Al que sólo en las manos de Dios cabe,
cerrar pretendes en clausuras breves?
¿Cómo, di, de los rayos del verano
no aprendiste, tirano,
ya que a temerle no, a respetarle?
Antes pruebas, solícito, imitarle,
sin ver que, presumiendo de hacerle,
sólo podrás llegar a merecerle.
Torres derrama el viento impetüoso.
¿No te son escarmiento lastimoso
tantas cenizas que ciudades fueron
cuando el troyano muro y Roma ardieron?

De la diestra de Dios omnipotente
deja sólo tratarse el fuego ardiente.
Ministro de sus iras va delante
de su faz radïante,
llevando los castigos
a todos los que son sus enemigos.
¿No ves que es su grandeza
tal, que Naturaleza
le dio como monarca de elementos
los últimos asientos,
y que, en su llama entonces justiciera,
el postrer día espera?
Deja, pues, las prisiones que le trazas;
no le desprecies ignorante y ciego,
tan duras amenazas.
Jamás se conversó con hombre el fuego;
en él ninguno vive,
y de él cuanto hay acá vida recibe.
Discurre por la tierra
con la perpetua servidumbre, ufana
de cuanto el mundo encierra;
que ella la planta humana
respeta por el peso más glorioso.
Ve al alto mar furioso,
enséñale a sufrir selvas enteras;
su paciencia ejercita con galeras;
y en las horas ardientes,
en venganza del sol, bebe las fuentes;
y el pueblo de los ríos
imita en resbalar sus campos fríos;
y por sendas extrañas,
obediente a tu vida,
por más grato reparo a tus entrañas,
la parte más remota y escondida,
visite, nuevo alivio, al calor lento,

con sucesiva diligencia el viento.
Estos corteses elementos trata:
blando aire, tierra humilde, mar de plata;
las soberbias del fuego reverencia,
y teme su inclemencia.
De hierro fue el primero
que violentó la llama
en cóncavo metal, máquina inmensa.
Fue más que todos fiero,
digno de los desprecios de la Fama.
Éste burló a los muros su defensa;
éste, a la muerte negra, lisonjero,
la gloria del valiente dio al certero;
quitó el precio a la diestra y a la espada,
y a la vista segura dio la gloria,
que antes ganó la sangre aventurada.
La pólvora se alzó con la vitoria;
della los reyes son y los tiranos;
ya matan más los ojos que las manos;
y con ser cuantas vidas goza el suelo
merced del fuego, corazón del cielo,
después que a su pesar el bronce habita,
las muchas vidas que nos da nos quita.

   Deja, no solicites
las impaciencias de la llama ardiente;
y al polvo inobediente
que él arda disimules, no le incites.
Derribará la torre y la muralla,
vencerá la batalla,
y dejará afrentadas
mil confianzas de armas bien templadas.
Será la gloria suya;
suya será también la valentía,
y sola la osadía

y la malicia quedará por tuya.
Si la afición te mueve
del nombre de ingenioso, porque hallaste
al hombre muerte, donde no la había,
al estudio del miedo se le debe
la traza con que solo descansaste
de tantos golpes a la muerte fría.

Epístola satírica y censoria contra las costumbres
presentes de los castellanos, escrita a don Gaspar
de Guzmán, conde de Olivares, en su valimiento

   No he de callar, por más que con el dedo,
ya tocando la boca, o ya la frente,
silencio avises, o amenaces miedo.

   ¿No ha de haber un espíritu valiente?
¿Siempre se ha de sentir lo que se dice?
¿Nunca se ha de decir lo que se siente?

   Hoy, sin miedo que, libre, escandalice,
puede hablar el ingenio, asegurado
de que mayor poder le atemorice.

   En otros siglos pudo ser pecado
severo estudio y la verdad desnuda,
y romper el silencio el bien hablado.

   Pues sepa quien lo niega, y quien lo duda,
que es lengua la verdad de Dios severo,
y la lengua de Dios nunca fue muda.

Son la verdad y Dios, Dios verdadero,
ni eternidad divina los separa,
ni de los dos alguno fue primero.

Si Dios a la verdad se adelantara,
siendo verdad, implicación hubiera
en ser, y en que verdad de ser dejara.

La justicia de Dios es verdadera,
y la misericordia, y todo cuanto
es Dios, todo ha de ser verdad entera.

Señor Excelentísimo, mi llanto
ya no consiente márgenes ni orillas:
inundación será la de mi canto.

Ya sumergirse miro mis mejillas,
la vista por dos urnas derramada
sobre las aras de las dos Castillas.

Yace aquella virtud desaliñada,
que fue, si rica menos, más temida,
en vanidad y en sueño sepultada.

Y aquella libertad esclarecida,
que en donde supo hallar honrada muerte,
nunca quiso tener más larga vida.

Y pródiga de l'alma, nación fuerte,
contaba, por afrentas de los años,
envejecer en brazos de la suerte.

Del tiempo el ocio torpe, y los engaños
del paso de las horas y del día,
reputaban los nuestros por extraños.

Nadie contaba cuánta edad vivía,
sino de qué manera; ni aun un'hora
lograba sin afán su valentía.

La robusta virtud era señora,
y sola dominaba al pueblo rudo;
edad, si mal hablada, vencedora.

El temor de la mano daba escudo
al corazón, que, en ella confiado,
todas las armas despreció desnudo.

Multiplicó en escuadras un soldado
su honor precioso, su ánimo valiente,
de sola honesta obligación armado.

Y debajo del cielo aquella gente,
si no a más descansado, a más honroso
sueño entregó los ojos, no la mente.

Hilaba la mujer para su esposo
la mortaja, primero que el vestido;
menos le vio galán que peligroso.

Acompañaba el lado del marido
más veces en la hueste que en la cama;
sano le aventuró, vengóle herido.

Todas matronas, y ninguna dama:
que nombres del halago cortesano
no admitió lo severo de su fama.

Derramado y sonoro el Oceano
era divorcio de las rubias minas
que usurparon la paz del pecho humano.

Ni los trujo costumbres peregrinas
el áspero dinero, ni el Oriente
compró la honestidad con piedras finas.

Joya fue la virtud pura y ardiente;
gala el merecimiento y alabanza;
sólo se cudiciaba lo decente.

No de la pluma dependió la lanza,
ni el cántabro con cajas y tinteros
hizo el campo heredad, sino matanza.

Y España, con legítimos dineros,
no mendigando el crédito a Liguria,
más quiso los turbantes que los ceros.

Menos fuera la pérdida y la injuria,
si se volvieran Muzas los asientos:
que esta usura es peor que aquella furia.

Caducaban las aves en los vientos,
y expiraba decrépito el venado:
grande vejez duró en los elementos.

Que el vientre entonces bien diciplinado
buscó satisfación, y no hartura,
y estaba la garganta sin pecado.

Del mayor infanzón de aquella pura
república de grandes hombres, era
una vaca sustento y armadura.

No había venido al gusto lisonjera
la pimienta arrugada, ni del clavo
la adulación fragrante forastera.

Carnero y vaca fue principio y cabo,
y con rojos pimientos, y ajos duros,
tan bien como el señor comió el esclavo.

Bebió la sed los arroyuelos puros;
después mostraron del carchesio a Baco
el camino los brindis mal seguros.

El rostro macilento, el cuerpo flaco
eran recuerdo del trabajo honroso,
y honra y provecho andaban en un saco.

Pudo sin miedo un español velloso
llamar a los tudescos bacchanales,
y al holandés hereje y alevoso.

Pudo acusar los celos desiguales
a la Italia; pero hoy, de muchos modos,
somos copias, si son originales.

Las descendencias gastan muchos godos,
todos blasonan, nadie los imita;
y no son sucesores, sino apodos.

Vino el betún precioso que vomita
la ballena, o la espuma de las olas,
que el vicio, no el olor, nos acredita.

Y quedaron las huestes españolas
bien perfumadas, pero mal regidas,
y alhajas las que fueron pieles solas.

Estaban las hazañas mal vestidas,
y aún no se hartaban de buriel y lana
la vanidad de fembras presumidas.

A la seda pomposa siciliana,
que manchó ardiente múrice, el romano
y el oro hicieron áspera y tirana.

Nunca al duro español supo el gusano
persuadir que vistiese su mortaja,
intercediendo el Can por el verano.

Hoy desprecia el honor al que trabaja,
y entonces fue el trabajo ejecutoria,
y el vicio gradüó la gente baja.

Pretende el alentado joven gloria
por dejar la vacada sin marido,
y de Ceres ofende la memoria.

Un animal a la labor nacido,
y símbolo celoso a los mortales,
que a Jove fue disfraz, y fue vestido;

que un tiempo endureció manos reales,
y detrás de él los cónsules gimieron,
y rumia luz en campos celestiales,

¿por cuál enemistad se persuadieron
a que su apocamiento fuese hazaña,
y a las mieses tan grande ofensa hicieron?

¡Qué cosa es ver un infanzón de España
abreviado en la silla a la jineta,
y gastar un caballo en una caña!

Que la niñez al gallo le acometa
con semejante munición apruebo;
mas no la edad madura y la perfeta.

Ejercite sus fuerzas el mancebo
en frentes de escuadrones; no en la frente
del útil bruto l'asta del acebo.

El trompeta le llama diligente,
dando fuerza de ley el viento vano,
y al son esté el ejército obediente.

¡Con cuánta majestad llena la mano
la pica, y el mosquete carga el hombro,
del que se atreve a ser buen castellano!

Con asco entre las otras gentes, nombro
al que de su persona, sin decoro,
más quiere nota dar, que dar asombro.

Jineta y cañas son contagio moro;
restitúyanse justas y torneos,
y hagan paces las capas con el toro.

Pasadnos vos de juegos a trofeos,
que sólo grande rey y buen privado
pueden ejecutar estos deseos.

Vos, que hacéis repetir siglo pasado,
con desembarazarnos las personas,
y sacar a los miembros de cuidado;

vos distes libertad con las valonas,
para que sean corteses las cabezas,
desnudando el enfado a las coronas.

Y pues vos enmendastes las cortezas,
dad a la mejor parte medicina:
vuélvanse los tablados fortalezas.

Que la cortés estrella, que os inclina
a privar sin intento y sin venganza,
milagro que a la invidia desatina,

tiene por sola bienaventuranza
el reconocimiento temeroso,
no presumida y ciega confianza.

Y si os dio el ascendiente generoso
escudos, de armas y blasones llenos,
y por timbre el martirio glorïoso,

mejores sean por vos los que eran buenos
Guzmanes, y la cumbre desdeñosa
os muestre, a su pesar, campos serenos.

Lograd, señor, edad tan venturosa;
y cuando nuestras fuerzas examina
persecución unida y belicosa,

la militar valiente disciplina
tenga más platicantes que la plaza:
descansen tela falsa y tela fina.

Suceda a la marlota la coraza,
y si el Corpus con danzas no los pide,
velillos y oropel no hagan baza.

El que en treinta lacayos los divide,
hace suerte en el toro, y con un dedo
la hace en él la vara que los mide.

Mandadlo ansí, que aseguraros puedo
que habéis de restaurar más que Pelayo;
pues valdrá por ejércitos el miedo,
y os verá el cielo administrar su rayo.

Juicio moral de los cometas

## Quintillas

Ningún cometa es culpado,
ni hay signo de mala ley,
pues para morir penado,
la envidia basta al privado
y el cuidado sobra al rey.

De las cosas inferiores
siempre poco caso hicieron
los celestes resplandores;
y mueren porque nacieron
todos los emperadores.

Sin prodigios ni planetas
he visto muchos desastres,
y, sin estrellas, profetas:

mueren reyes sin cometas,
y mueren con ellas sastres.

De tierra se creen extraños
los príncipes deste suelo,
sin mirar que los más años
aborta también el cielo
cometas por los picaños.

El cometa que más brava
muestra crinada cabeza,
rey, para tu vida esclava,
es la desorden que empieza
el mal que el médico acaba.

## Refiere cuán diferentes fueron las acciones de Cristo Nuestro Señor y de Adán

Adán en Paraíso, Vos en huerto;
él puesto en honra, Vos en agonía;
él duerme, y vela mal su compañía;
la vuestra duerme, Vos oráis despierto.

El cometió el primero desconcierto,
Vos concertastes nuestro primer día;
cáliz bebéis, que vuestro Padre envía;
él come inobediencia, y vive muerto.

El sudor de su rostro le sustenta;
el del vuestro mantiene nuestra gloria:
suya la culpa fue, vuestra la afrenta.

Él dejó horror, y Vos dejáis memoria;
aquél fue engaño ciego, y ésta venta.
¡Cuán diferente nos dejáis la historia!

A un pecador

Gusanos de la tierra
comen el cuerpo que este mármol cierra;
mas los de la conciencia en esta calma,
hartos del cuerpo, comen ya del alma.

## Al pincel

Tú, si en cuerpo pequeño,
eres, pincel, competidor valiente
de la Naturaleza:
hácete el arte dueño
de cuanto crece y siente.
Tuya es la gala, el precio y la belleza;
tú enmiendas de la muerte
la invidia, y restituyes ingenioso
cuanto borra cruel. Eres tan fuerte,
eres tan poderoso,
que en desprecio del Tiempo y de sus leyes,
y de la antigüedad ciega y escura,
del seno de la edad más apartada
restituyes los príncipes y reyes,
la ilustre majestad y la hermosura
que huyó de la memoria sepultada.

Por ti, por tus conciertos
comunican los vivos con los muertos;
y a lo que fue en el día,
a quien para volver niega la Hora
camino y paso, eres pies y guía,
con que la ley del mundo se mejora.
Por ti el breve presente,
que aun ve apenas la espalda del pasado,
que huye de la vida arrebatado,
le comunica y trata frente a frente.

Los Césares se fueron
a no volver; los reyes y monarcas
el postrer paso irrevocable dieron;
y, siendo ya desprecio de las Parcas,
en manos de Protógenes y Apeles,
con nuevo parto de ingeniosa vida,
segundos padres fueron los pinceles.
¿Qué ciudad tan remota y escondida
dividen altos mares,
que, por merced, pincel, de tus colores,
no la miren los ojos,
gozando su hermosura en sus despojos?
Que en todos los lugares
son, con sólo mirar, habitadores.
Y los golfos temidos,
que hacen oír al cielo sus bramidos,
sin estrella navegan,
y a todas partes sin tormenta llegan.

Tú dispensas las leguas y jornadas,
pues todas las provincias apartadas,
con blando movimiento
en sus círculos breves,
las camina la vista en un momento;

y tú solo te atreves
a engañar los mortales de manera,
que, del lienzo y la tabla lisonjera,
aguardan los sentidos que les quitas,
cuando hermosas cautelas acreditas.
Viose más de una vez Naturaleza
de animar lo pintado cudiciosa;
confesóse invidiosa
de ti, docto pincel, que la enseñaste,
en sutil lino estrecho,
cómo hiciera mejor lo que había hecho.
Tú solo despreciaste
los conciertos del año y su gobierno,
y las leyes del día,
pues las flores de abril das en hibierno,
y en mayo, con la nieve blanca y fría,
los montes encaneces.

   Ya se vio muchas veces,
¡oh pincel poderoso!, en docta mano
mentir almas los lienzos de Ticiano.
Entre sus dedos vimos
nacer segunda vez, y más hermosa
aquella sin igual gallarda Rosa,
que tantas veces de la fama oímos.
Dos le hizo de una,
y dobló lisonjero su cuidado
al que, fiado en bárbara fortuna,
traía por diadema media luna
del cielo, a quien ofende coronado.

   Contigo Urbino y Ángel tales fueron,
que hasta sus pensamientos engendraron,
pues, cuando los pintaron,
vida y alma les dieron.

Y el famoso español que no hablaba,
por dar su voz al lienzo que pintaba.
Por ti Richi ha podido,
docto, cuanto ingenioso,
en el rostro de Lícida hermoso,
con un naipe nacido,
criar en sus cabellos
oro, y estrellas en sus ojos bellos;
en sus mejillas, flores,
primavera y jardín de los amores;
y en su boca, las perlas,
riendo de quien piensa merecerlas.
Así que fue su mano,
con trenzas, ojos, dientes y mejillas,
Indias, cielo y verano,
escondiendo aun más altas maravillas,
o de invidioso de ellas
o de piedad del que llegase a vellas.

  Por ti el lienzo suspira
y sin sentidos mira.
Tú sabes sacar risa, miedo y llanto
de la ruda madera, y puedes tanto,
que cercas de ira negra las entrañas
de Aquiles, y amenazas con sus manos
de nuevo a los troyanos,
que, sin peligro y con ingenio, engañas.
Vemos por ti en Lucrecia
la desesperación, que el honor precia;
de su sangre cubierto
el pecho, sin dolor alguno abierto.
Por ti el que ausente de su bien se aleja
lleva (¡oh piedad inmensa!) lo que deja.
En ti se deposita
lo que la ausencia y lo que el tiempo quita.

Ya fue tiempo que hablaste,
y fuiste a los egipcios lengua muda.
   Tú también enseñaste
en la primera edad, sencilla y ruda,
alta filosofía
en doctos hieroglíficos obscuros;
y los misterios puros
de ti la religión ciega aprendía.
Y tanto osaste (bien que fue dichoso
atrevimiento el tuyo, y religioso)
de aquel Ser, que sin principio empieza
todas las cosas a que presta vida,
siendo sólo capaz de su grandeza,
sin que fuera de sí tenga medida;
   de Aquel que siendo padre
de único parto con fecunda mente,
sin que en sustancia división le cuadre,
   expirando igualmente
   de amor correspondido,
el espíritu ardiente procedido:
de éste, pues, te atreviste
a examinar hurtada semejanza,
que de la devoción santa aprendiste.

   Tú animas la esperanza
y con sombra la alientas,
cuando lo que ella busca representas.
   Y a la fe verdadera,
que mueve al cielo las veloces plantas,
   la vista le adelantas
   de lo que cree y espera.
   [Con imágenes santas]
la caridad sus actos ejercita
en la deidad que tu artificio imita.

A ti deben los ojos
poder gozar mezclados
los que presentes son, y los pasados.
Tuya la gloria es y los despojos,
pues, breve punta, en los colores crías
cuanto el sol en el suelo,
y cuanto en él los días,
y cuanto en ellos trae y lleva el cielo.

A la estatua de bronce del santo rey don Filipe III,
                  que está en la Casa del Campo de Madrid,
                                      traída de Florencia




¡Oh cuánta majestad! ¡Oh cuánto numen,
en el tercer Filipo, invicto y santo,
presume el bronce que le imita! ¡Oh cuánto
estos semblantes en su luz presumen!

Los siglos reverencian, no consumen,
bulto que igual adoración y espanto
mereció amigo y enemigo, en tanto
que de su vida dilató el volumen.

Osó imitar artífice toscano
al que a Dios imitó de tal manera,
que es, por rey y por santo, soberano.

El bronce, por su imagen verdadera,
se introduce en reliquia, y éste, llano,
en majestad augusta reverbera.

## A Roma sepultada en sus ruinas

Buscas en Roma a Roma, ¡oh, peregrino!,
y en Roma misma a Roma no la hallas:
cadáver son las que ostentó murallas,
y tumba de sí proprio el Aventino.

Yace donde reinaba el Palatino;
y limadas del tiempo las medallas,
más se muestran destrozo a las batallas
de las edades que blasón latino.

Sólo el Tibre quedó, cuya corriente,
si ciudad la regó, ya sepoltura,
la llora con funesto son doliente.

¡Oh, Roma!, en tu grandeza, en tu hermosura,
huyó lo que era firme, y solamente
lo fugitivo permanece y dura.

Inscripción de la estatua augusta del César
Carlos Quinto en Aranjuez

Las selvas hizo navegar, y el viento
al cáñamo en sus velas respetaba,
cuando, cortés, su anhélito tasaba
con la necesidad del movimiento.

Dilató su victoria el vencimiento
por las riberas que el Danubio lava;
cayó África ardiente; gimió esclava
la falsa religión en fin sangriento.

Vio Roma en la desorden de su gente,
si no piadosa, ardiente valentía,
y de España el rumor sosegó ausente.

Retiró a Solimán, temor de Hungría,
y por ser retirada más valiente,
se retiró a sí mismo el postrer día.

A un retrato de don Pedro Girón, Duque de
Osuna, que hizo Guido Boloñés, armado,
y grabadas de oro las armas

Vulcano las forjó, tocólas Midas,
armas en que otra vez a Marte cierra,
rígidas con el precio de la sierra,
y en el rubio metal descoloridas.

Al ademán siguieron las heridas
cuando su brazo estremeció la tierra;
no las prestó el pincel: diolas la guerra;
Flandres las vio sangrientas y temidas.

Por lo que tienen del Girón de Osuna
saben ser apacibles los horrores,
y en ellas es carmín la tracia luna.

Fulminan sus semblantes vencedores;
asistió al arte en Guido la Fortuna,
y el lienzo es belicoso en los colores.

Memoria inmortal de don Pedro Girón,
duque de Osuna, muerto en la prisión

Faltar pudo su patria al grande Osuna,
pero no a su defensa sus hazañas;
diéronle muerte y cárcel las Españas,
de quien él hizo esclava la Fortuna.

Lloraron sus invidias una a una
con las proprias naciones las extrañas;
su tumba son de Flandres las campañas,
y su epitafio la sangrienta luna.

En sus exequias encendió al Vesubio
Parténope, y Trinacria al Mongibelo;
el llanto militar creció en diluvio.

Diole el mejor lugar Marte en su cielo;
la Mosa, el Rhin, el Tajo y el Danubio
murmuran con dolor su desconsuelo.

Inscripción al túmulo de la excelentísima
Duquesa de Lerma

Si, con los mismos ojos que leyeres
las letras de este mármol, no llorares
y en lágrimas tu vista desatares,
tan mármol, huésped, como el mármol eres.

Mira, si grandes glorias ver quisieres,
estos sagrados túmulos y altares;
y es bien que en tanta majestad repares,
si llevar que contar donde vas quieres.

Guardo en silencio el nombre de su dueño;
que, si le sabes, parecerte ha poca
tan ilustre grandeza a sus despojos.

Sólo advierte que cubre en mortal sueño
al sol de Lerma enternecida roca:
y vete, que harto debes a tus ojos.

## Sepulcro de Jasón el argonauta

Mi madre tuve en ásperas montañas,
si inútil con la edad soy seco leño;
mi sombra fue regalo a más de un sueño,
supliendo al jornalero las cabañas.

Del viento desprecié sonoras sañas
y al encogido invierno cano ceño,
hasta que a la segur villano dueño
dio licencia de herirme las entrañas.

Al mar di remos, a la patria fría
de los granizos, vela; fui ligero
tránsito a la soberbia y osadía.

¡Oh amigo caminante!, ¡oh pasajero!,
dile blandas palabras este día
al polvo de Jasón, mi marinero.

Filosofía con que intenta probar que a un mismo
tiempo puede un sujeto amar a dos

Si de cosas diversas la memoria
se acuerda, y lo presente y lo pasado
juntos la alivian y la dan cuidado,
y en ella son confines pena y gloria;

y si al entendimiento igual victoria
concede inteligible lo crïado,
y a nuestra libre voluntad es dado
numerosa elección, y transitoria,

Amor, que no es potencia solamente,
sino la omnipotencia padecida
de cuanto sobre el suelo vive y siente,

¿por qué con dos incendios una vida
no podrá fulminar su luz ardiente
en dos diversos astros encendida?

## A un caballero que se dolía del dilatarse la posesión de su amor

Quien no teme alcanzar lo que desea
da priesa a su tristeza y a su hartura:
la pretensión ilustra la hermosura,
cuanto la ingrata posesión la afea.

Por halagüeña dilación rodea
el que se dificulta su ventura,
pues es grosero el gozo y mal segura
la que en la posesión gloria se emplea.

Muéstrate siempre, Fabio, agradecido
a la buena intención de los desdenes,
y nunca te verás arrepentido.

Peor pierde los gustos y los bienes
el desprecio que sigue a lo adquirido,
que el imposible en adquirir, que tienes.

El sueño

¿Con qué culpa tan grave,
sueño blando y süave,
puede en largo destierro merecerte
que se aparte de mí tu olvido manso?
Pues no te busco yo por ser descanso,
sino por muda imagen de la muerte.
Cuidados veladores
hacen inobedientes mis dos ojos
a la ley de las horas;
no han podido vencer a mis dolores
las noches, ni dar paz a mis enojos;
madrugan más en mí que en las auroras
lágrimas a este llano,
que amanece a mi mal siempre temprano;
y tanto, que persuade la tristeza
a mis dos ojos que nacieron antes
para llorar que para verte, sueño.
De sosiego los tienes ignorantes,

de tal manera, que al morir el día
con luz enferma, vi que permitía
el sol que le mirasen en poniente.
Con pies torpes, al punto, ciega y fría,
cayó de las estrellas blandamente
la noche tras las pardas sombras mudas,
que el sueño persuadieron a la gente.
Escondieron las galas a los prados
y quedaron desnudas
estas laderas, y sus peñas, solas;
duermen ya, entre sus montes recostados,
los mares y las olas.
Si con algún acento
ofenden las orejas,
es que, entre sueños, dan al cielo quejas
del yerto lecho y duro acogimiento,
que blandos hallan en los cerros duros.
Los arroyuelos puros
se adormecen al son del llanto mío,
y, a su modo, también se duerme el río.
Con sosiego agradable
se dejan poseer de ti las flores;
mudos están los males;
no hay cuidado que hable:
faltan lenguas y voz a los dolores,
y en todos los mortales
yace la vida envuelta en alto olvido.
Tan sólo mi gemido
pierde el respeto a tu silencio santo;
yo tu quietud molesto con mi llanto
y te desacredito
el nombre de callado, con mi grito.
Dame, cortés mancebo, algún reposo;
no seas digno del nombre de avariento,

en el más desdichado y firme amante
que lo merece ser por dueño hermoso:
débate alguna pausa mi tormento.
Gózante en las cabañas
y debajo del cielo
los ásperos villanos;
hállate en el rigor de los pantanos
y encuéntrate en las nieves y en el yelo
el soldado valiente,
y yo no puedo hallarte, aunque lo intente,
entre mi pensamiento y mi deseo.
Ya, pues, con dolor creo
que eres más riguroso que la tierra,
más duro que la roca,
pues te alcanza el soldado envuelto en guerra,
y en ella mi alma por jamás te toca.
Mira que es gran rigor. Dame siquiera
lo que de ti desprecia tanto avaro
por el oro en que alegre considera,
hasta que da la vuelta el tiempo claro:
lo que había de dormir en blando lecho,
y da el enamorado a su señora,
y a ti se te debía de derecho.
Dame lo que desprecia de ti agora,
por robar, el ladrón; lo que desecha
el que invidiosos celos tuvo y llora.
Quede en parte mi queja satisfecha:
tócame con el cuento de tu vara;
oirán siquiera el ruido de tus plumas
mis desventuras sumas;
que yo no quiero verte cara a cara,
ni que hagas más caso
de mí que hasta pasar por mí de paso;
o que a tu sombra negra, por lo menos,

si fueres a otra parte peregrino,
se le haga camino
por estos ojos de sosiego ajenos.
Quítame, blando sueño, este desvelo,
o de él alguna parte,
y te prometo, mientras viere el cielo,
de desvelarme sólo en celebrarte.

Amor de sola una vista nace, vive, crece
y se perpetúa

Diez años de mi vida se ha llevado
en veloz fuga y sorda el sol ardiente,
después que en tus dos ojos vi el Oriente,
Lísida, en hermosura duplicado.

Diez años en mis venas he guardado
el dulce fuego que alimento, ausente,
de mi sangre. Diez años en mi mente
con imperio tus luces han reinado.

Basta ver una vez grande hermosura;
que, una vez vista, eternamente enciende,
y en l'alma impresa eternamente dura.

Llama que a la inmortal vida trasciende,
ni teme con el cuerpo sepultura,
ni el tiempo la marchita ni la ofende.

## Amor constante más allá de la muerte

Cerrar podrá mis ojos la postrera
sombra que me llevare el blanco día,
y podrá desatar esta alma mía
hora a su afán ansioso lisonjera;

mas no, de esotra parte, en la ribera,
dejará la memoria, en donde ardía:
nadar sabe mi llama la agua fría,
y perder el respeto a ley severa.

Alma a quien todo un dios prisión ha sido,
venas que humor a tanto fuego han dado,
medulas que han gloriosamente ardido,

su cuerpo dejará, no su cuidado;
serán ceniza, mas tendrá sentido;
polvo serán, mas polvo enamorado.

Túmulo de la mujer de un avaro que vivió libremente, donde hizo esculpir un perro de mármol llamado «Leal»

   Yacen en esta rica sepoltura
Lidio con su mujer Helvidia Pada,
y por tenerla solo, aunque enterrada,
al cielo agradeció su desventura.

   Mandó guardar en esta piedra dura
la que, de blanda, fue tan mal guardada;
y que en memoria suya, dibujada
fuese de aquel perrillo la figura.

   *Leal* el perro que miráis se llama,
pulla de piedra al tálamo inconstante,
ironía de mármol a su fama.

   Ladró al ladrón, pero calló al amante;
ansí agradó a su amo y a su ama:
no le pises, que muerde, caminante.

## Calvo que no quiere encabellarse

Pelo fue aquí, en donde calavero;
calva no sólo limpia, sino hidalga;
háseme vuelto la cabeza nalga:
antes greguescos pide que sombrero.

Si, cual Calvino soy, fuera Lutero,
contra el fuego no hay cosa que me valga;
ni vejiga o melón que tanto salga
el mes de agosto puesta al resistero.

Quiérenme convertir a cabelleras
los que en Madrid se rascan pelo ajeno,
repelando las otras calaveras.

Guedeja réquiem siempre la condeno;
gasten caparazones sus molleras:
mi comezón resbale en calvatrueno.

Al señor de un convite, que le porfiaba
comiese mucho

Comer hasta matar la hambre, es bueno;
mas comer por cumplir con el regalo,
hasta matar al comedor, es malo,
y la templanza es el mejor Galeno.

Lo demasiado siempre fue veneno:
a las ponzoñas el ahíto igualo;
si a costumbres de bestia me resbalo,
a pesebre por plato me condeno.

Si engullo las cocinas y despensas,
seré don Tal Despensas y Cocinas.
¿En qué piensas, amigo, que me piensas?

Pues me atiestas de pavos y gallinas,
dame, ya que la gula me dispensas,
el postre en calas, purga y melecinas.

Sacamuelas que quería concluir
con la herramienta de una boca

¡Oh, tú, que comes con ajenas muelas,
mascando con los dientes que nos mascas,
y con los dedos gomias y tarascas
las encías pellizcas y repelas;

tú, que los mordiscones desconsuelas,
pues en las mismas sopas los atascas,
cuando en el migajón corren borrascas
las quijadas que dejas bisabuelas;

por ti reta las bocas la corteza,
revienta la avellana de valiente,
y su cáscara ostenta fortaleza!

Quitarnos el dolor, quitando el diente,
es quitar el dolor de la cabeza,
quitando la cabeza que le siente.

Letrilla satírica
*Poderoso caballero
es don Dinero.*

Madre, yo al oro me humillo;
él es mi amante y mi amado,
pues, de puro enamorado,
de contino anda amarillo;
que pues, doblón o sencillo,
hace todo cuanto quiero,
*poderoso caballero
es don Dinero.*


Nace en las Indias honrado,
donde el mundo le acompaña;
viene a morir en España,
y es en Génova enterrado.
Y pues quien le trae al lado
es hermoso, aunque sea fiero,
*poderoso caballero
es don Dinero.*

    Es galán y es como un oro,
tiene quebrado el color,
persona de gran valor,
tan cristiano como moro.
Pues que da y quita el decoro
y quebranta cualquier fuero,
*poderoso caballero*
*es don Dinero.*


    Son sus padres principales,
y es de nobles descendiente,
porque en las venas de Oriente
todas las sangres son reales;
y pues es quien hace iguales
al duque y al ganadero,
*poderoso caballero*
*es don Dinero.*


    Mas ¿a quién no maravilla
ver en su gloria sin tasa
que es lo menos de su casa
doña Blanca de Castilla?
Pero, pues da al bajo silla
y al cobarde hace guerrero,
*poderoso caballero*
*es don Dinero.*


    Sus escudos de armas nobles
son siempre tan principales,
que sin sus escudos reales
no hay escudos de armas dobles;

y pues a los mismos robles
da codicia su minero,
*poderoso caballero*
*es don Dinero.*

Por importar en los tratos
y dar tan buenos consejos,
en las casas de los viejos
gatos le guardan de gatos.
Y pues él rompe recatos
y ablanda al juez más severo,
*poderoso caballero*
*es don Dinero.*

Y es tanta su majestad
(aunque son sus duelos hartos),
que con haberle hecho cuartos,
no pierde su autoridad;
pero, pues da calidad
al noble y al pordiosero,
*poderoso caballero*
*es don Dinero.*

Nunca vi damas ingratas
a su gusto y afición;
que a las caras de un doblón
hacen sus caras baratas;
y pues las hace bravatas
desde una bolsa de cuero
*poderoso caballero*
*es don Dinero.*

Más valen en cualquier tierra
(¡mirad si es harto sagaz!)

sus escudos en la paz
que rodelas en la guerra.
Y pues al pobre le entierra
y hace proprio al forastero,
*poderoso caballero
es don Dinero.*

## La Fénix

   Ave del yermo, que sola
haces la pájara vida,
a quien, una, libró Dios
de las malas compañías;
   que ni habladores te cansan,
ni pesados te visitan,
ni entremetidos te hallan,
ni embestidores te atisban;
   tú, a quien ha dado la aurora
una celda y una ermita,
y sólo saben tu nido
las coplas y las mentiras;
   tú, linaje de ti propria,
descendiente de ti misma,
abreviado matrimonio,
marido y esposa en cifra,

mayorazgo del Oriente,
primogénita del día,
tálamo y túmulo junto,
en donde eres madre y hija;

   tú, que engalanas y hartas,
bebiendo aljófar, las tripas,
y a puras perlas que sorbes,
tienes una sed muy rica;

   avechucho de matices,
hecho de todas las Indias,
pues las plumas de tus alas
son las venas de tus minas;

   tú, que vuelas con zafiros;
tú, que con rubíes picas,
guardajoyas de las llamas,
donde naciste tan linda;

   tú, que a puras muertes vives,
los médicos te lo invidian
donde en cuna y sepultura
el fuego te resucita;

   parto de oloroso incendio,
hija de fértil ceniza,
descendiente de quemados,
nobleza que arroja chispas;

   tú, que vives en el mundo
tres suegras en retahíla,
y, medula de un gusano,
esa máquina fabricas;

   tú, que del cuarto elemento
la sucesión autorizas;
estrella de pluma, vuelas;
pájaro de luz, caminas;

   tú, que te tiñes las canas
con las centellas que atizas,

y sabes el pasadizo
desde vieja para niña;

suegra y yerno en una pieza,
invención que escandaliza,
la cosa y cosa del aire,
y la eterna hermafrodita;

ave de pocos amigos,
más sola y más escondida
que clérigo que no presta
y mercader que no fía;

ave duende, nunca visto,
melancólica estantigua,
que como el ánima sola,
ni cantas, lloras, ni chillas;

ramillete perdurable,
pues que nunca te marchitas,
y eres el ave corvillo
del miércoles de ceniza;

ansí de cansarte dejen
similitudes prolijas,
que de lisonja en lisonja
te apodan y te fatigan,

que, para ayuda de Fénix,
si hubiere lugar, recibas,
por únicas y por solas,
mi firmeza y mi desdicha.

No te acrecentarán gasto,
que el dolor las vivifica,
y al examen de mi fuego
ha seis años que te imitan.

Si no, cantaré de plano
lo que la razón me dicta,
y los nombres de las pascuas
te diré por las esquinas.

Sabrán que la Inquisición
de los años te castiga,
y que todo tu abolorio
se remata en chamusquinas.

# El Basilisco

Escándalo del Egipto,
tú, que infamando la Libia,
miras para la salud
con médicos y boticas;

tú, que acechas con guadañas,
y tienes peste por niñas,
y no hay en Galicia pueblo
que tenga tan malas vistas;

tú, que el campo de Cirene
embarazas con insidias,
y a toda vida tus ojos
hacen oficio de espías;

tú, que con los pasos matas
todas las yerbas que pisas,
y sobre difuntas flores
llora mayo sus primicias;

a la primavera borras
los pinceles que anticipa;

y el año recién nacido,
en columbrándote, expira.

  Tú con el agua que bebes
no matas la sed prolija:
que tu sed mata las aguas,
si las bebes o las miras.

  Enfermas, con respirar,
toda la región vacía,
y vuelan muertas las aves
que te pasan por encima.

  De todos los animales
en quien la salud peligra,
y su veneno la tierra
flecha contra nuestras vidas,

  tanto peligran contigo
los que en veneno te imitan
como los que son contrarios
al tósigo que te anima.

  Ansí, pues, nunca a tu cueva
se asome Santa Lucía
(que si el mal quita a los ojos,
desarmará tu malicia),

  que me digas si aprendiste
a mirar de mala guisa
del ruin que se mira en honra,
de los celos o la invidia.

  Dime si te dieron leche
las cejijuntas, las bizcas;
si desciendes de los zurdos;
si te empollaron las tías.

  Ojos que matan, sin duda
serán negros como endrinas:
que los azules y verdes
huelen a pájara pinta.

Si está vivo quien te vio,
toda tu historia es mentira:
pues si no murió, te ignora;
y si murió, no lo afirma.
 Si no es que algún basilisco
cegó en alguna provincia,
y con bordón y con perro
andaba por las ermitas.
 Para pisado eres bueno,
que la Escritura lo afirma;
pues sobre ti y sobre el áspid
dice que el justo camina.
 Llevarte en cas de busconas
es sola tu medicina,
pues te sacarán los ojos
por cualquiera niñería.

Refiere su nacimiento y las propriedades
que le comunicó

«Parióme adrede mi madre,
¡ojalá no me pariera!,
aunque estaba cuando me hizo
de gorja Naturaleza.

»Dos maravedís de luna
alumbraban a la tierra;
que, por ser yo el que nacía,
no quiso que un cuarto fuera.

»Nací tarde, porque el sol
tuvo de verme vergüenza,
en una noche templada
entre clara y entre yema.

»Un miércoles con un martes
tuvieron grande revuelta,
sobre que ninguno quiso
que en sus términos naciera.

»Nací debajo de Libra,
tan inclinado a las pesas,

que todo mi amor le fundo
en las madres vendederas.

»Dióme el León su cuartana,
dióme el Escorpión su lengua,
Virgo, el deseo de hallarle,
y el Carnero su paciencia.

»Murieron luego mis padres;
Dios en el cielo los tenga,
porque no vuelvan acá,
y a engendrar más hijos vuelvan.

»Tal ventura desde entonces
me dejaron los planetas,
que puede servir de tinta,
según ha sido de negra.

»Porque es tan feliz mi suerte,
que no hay cosa mala o buena
que, aunque la piense de tajo,
al revés no me suceda.

»De estériles soy remedio,
pues, con mandarme su hacienda,
les dará el cielo mil hijos,
por quitarme las herencias.

»Y para que vean los ciegos,
pónganme a mí a la vergüenza;
y para que cieguen todos,
llévenme en coche o litera.

»Como a imagen de milagros
me sacan por las aldeas:
si quieren sol, abrigado,
y desnudo, porque llueva.

»Cuando alguno me convida,
no es a banquetes ni a fiestas,
sino a los misacantanos,
para que yo les ofrezca.

»De noche soy parecido
a todos cuantos esperan
para molerlos a palos,
y así, inocente, me pegan.

»Aguarda hasta que yo pase,
si ha de caerse, una teja;
aciértanme las pedradas:
las curas sólo me yerran.

»Si a alguno pido prestado,
me responde tan a secas,
que, en vez de prestarme a mí,
me hace prestar paciencia.

»No hay necio que no me hable,
ni vieja que no me quiera,
ni pobre que no me pida,
ni rico que no me ofenda.

»No hay camino que no yerre,
ni juego donde no pierda,
ni amigo que no me engañe,
ni enemigo que no tenga.

»Agua me falta en el mar,
y la hallo en las tabernas:
que mis contentos y el vino
son aguados dondequiera.

»Dejo de tomar oficio,
porque sé por cosa cierta
que en siendo yo calcetero,
andarán todos en piernas.

»Si estudiara medicina,
aunque es socorrida sciencia,
porque no curara yo,
no hubiera persona enferma.

»Quise casarme estotro año,
por sosegar mi conciencia,

y dábanme un dote al diablo
con una mujer muy fea.

»Si intentara ser cornudo
por comer de mi cabeza,
según soy de desgraciado,
diera mi mujer en buena.

»Siempre fue mi vecindad
mal casados que vocean,
herradores que madrugan,
herreros que me desvelan.

»Si yo camino con fieltro,
se abrasa en fuego la tierra;
y en llevando guardasol,
está ya de Dios que llueva.

»Si hablo a alguna mujer
y la digo mil ternezas,
o me pide, o me despide,
que en mí es una cosa mesma.

»En mí lo picado es roto;
ahorro, cualquier limpieza;
cualquiera bostezo es hambre;
cualquiera color vergüenza.

»Fuera un hábito en mi pecho
remiendo sin resistencia,
y peor que besamanos
en mí cualquiera encomienda.

»Para que no estén en casa
los que nunca salen de ella,
buscarlos yo sólo basta;
pues con eso estarán fuera.

»Si alguno quiere morirse
sin ponzoña o pestilencia,
proponga hacerme algún bien,
y no vivirá hora y media.

»Y a tanto vino a llegar
la adversidad de mi estrella,
que me inclinó que adorase
con mi humildad tu soberbia.

»Y viendo que mi desgracia
no dio lugar a que fuera,
como otros, tu pretendiente,
vine a ser tu pretenmuela.

»Bien sé que apenas soy algo;
mas tú, de puro discreta,
viéndome con tantas faltas,
que estoy preñado sospechas.»

Aquesto Fabio cantaba
a los balcones y rejas
de Aminta, que aun de olvidarle
le han dicho que no se acuerda.

## Visita de Alejandro a Diógenes, filósofo cínico

En el retrete del mosto,
vecino de una tinaja,
filósofo vendimiado,
que para vivir te envasas,
 galápago de Alcorcón,
porque el sol te dé en la cara,
campando de caracol,
traes acuestas tu posada.
 ¡Válgate el diablo por hombre!
No sé cómo te devanas,
acostado en un puchero
el cuerpo, y el sueño a gatas.
 Pepita de un tinajero,
nos predicas alharacas
contra pilastras y nichos
y alquileres de las casas.
 No saben de ti los vientos,
porque les vuelves las ancas;

y para mudar de pueblo,
echándote a rodar, marchas.

Para mejorar de sitio
tu persona misma enjaguas;
lo que ocupas es alcoba,
y lo que te sobra, salas.

Si te abrevias en cuclillas,
en el sótano te agachas;
si te levantas en pie,
a tu desván te levantas.

Ves aquí que viene a verte
el hidrópico monarca
que de bolillas de mundos
se quiso hacer una sarta;

aquel que, glotón del orbe,
engulle por su garganta
imperios, como granuja,
y reinos, como migajas;

quien con cuernos de carnero
guedejó su calabaza,
y por ser hijo de Jove
se quedó chozno de cabras;

el que tomaba igualmente
las zorras y las murallas,
en cuya cholla arbolaron
muchas azumbres las tazas,

cátatele aquí vestido
todo de labios de damas;
esto es, de grana de Tiro,
si la copla no me manca.

Levanta la carantoña
que por el suelo te arrastra:
mira la gomia del mundo,
serenísima tarasca.

Era el mes de las moquitas,
cuando saben bien las mantas,
y cuando el sol a los pobres
sirve de cachera y ascuas.

　Diógenes, pues, que a sus rayos
se despoblaba las calzas
de los puntos comedores,
que estruja, si no los rasca,

　　con unas uñas verdugas,
y con otras cadahalsas,
aturdido del rumor
que trae su carantamaula,

　　volvió a mirarle, los ojos
emboscados en dos cardas,
y pobladas sus mejillas
de enfundaduras de bragas.

　De un cubo se viste loba,
y de dos colmenas, mangas,
limpias de sastre y de tienda,
como de polvo y de paja.

　Una montera de greña
era coroza a su caspa;
en el color y en lo yerto,
juntos erizo y castaña.

　Por lo espeso y por lo sucio,
cabellera que se vacía,
melena de entre once y doce,
con peligros de ventana.

　Miró de pies a cabeza
la magnífica fantasma,
y, preciándole en lo mismo
que si el rey Perico baila,

　　y sin chistar ni mistar
ni decirle una palabra,

formando con las narices
el gandujado de caca.

 al sol volvió el *coram vobis,*
y al emperador las nalgas,
con muy poca cortesía,
aunque con mucha crianza.

 Era Alejandro un mocito
a manera de la hampa,
muy menudo de faciones
y muy gótico de espaldas.

 Barba de cola de pez
en alcance de garnacha,
y la boca de amufar,
con bigotes de Jarama.

 La mollera en escabeche,
con un laurel que la calza,
y para las amazonas
con brindis de piernas zambas.

 El vestido era un enjerto
de cachondas y botargas,
pintiparado al que vemos
en tapices y medallas.

 Púsose de frente a frente
de la mal formada cuadra,
y, dejándola a la sombra
sus purpúreas hopalandas,

 le dijo: «Cínico amigo,
lo que quisieres demanda;
pide sin ton y sin son,
pues que ni tañes ni bailas.

 »Yo soy quien, para vestirse
toda la región mundana
por estrecha la acuchillo,
y al cielo le pido ensanchas.

»Pide, porque, aun siendo dueña,
te pudiera dejar harta,
y aun si fueras cien legiones
de tías y de cuñadas.»

Diógenes, que no había sido
socaliña ni demanda,
agente ni embestidor,
ni buscona cortesana,
  respondió: «Lo que te pido
es que, volviéndote al Asia,
el sol que no puedes darme,
no me le quiten tus faldas.

»Nadie me invidia la mugre,
como a ti el oro y la plata:
en la tinaja me sobra
y en todo el mundo te falta.

»Mi hambre no cuesta vidas
al viento, al bosque o al agua;
tú, matando cuanto vive,
sola tu hambre no matas.

»Para dormir son mejores
estas yerbas que esas lanzas;
a todos mandas, y a ti
tus desatinos te mandan.

»Pocos temen mis concomios,
muchos tiemblan tus escuadras:
déjame con mi barreño
y vete con tus tïaras;

»que yo, vestido de un tiesto,
doy dos higas a la Parca,
pues tengo en él sepultura,
después que palacio, y capa.

»Tiende redes por el mundo,
mientras yo tiendo la raspa:

que en cas de las calaveras
ambos las tendremos calvas.

»El veneno no conoce
las naturales viandas;
vete a morir en la mesa
y a vivir en las batallas.

»El no tener lisonjeros
lo debo al no tener blanca;
y si no tengo tus joyas,
tampoco tengo tus ansias.

»Como yo me espulgo, puedes
(si alguna razón alcanzas)
espulgarte las orejas
de chismes y de alabanzas.

»Y adiós, que mudo de barrio,
que tu vecindad me cansa».
Y echó a rodar su edificio
a coces y a manotadas.

Oyólo Alejandro Magno;
y, recalcado en sus gambas,
muy ponderado de hocico,
más apotegma que chanza,

dijo: «A no ser Alejandro,
quisiera tener el alma
de Diógenes, y mis reinos
diera yo por sus lagañas».

Los amenes de los reyes
dijeron a voces altas:
«¡Lindo dicho!», y era el dicho
trocar el cetro a cazcarrias.

Quedóse el piojoso a solas
y el Magno se fue en volandas:
si Dios le otorgara el trueco,
allí viera Dios las trampas.

## Consultación de los gatos, en cuya figura también se castigan costumbres y aruños

Debe de haber ocho días,
Aminta, que, en tu tejado,
se juntaron a cabildo
grande cantidad de gatos.

Y después que por su orden
en las tejas se sentaron,
puestos en los caballetes
los más viejos y más canos;

los negros a mano izquierda,
a la derecha los blancos,
tras un silencio profundo,
que no se oyó mío ni miao,

a la sombra de un humero,
se puso un gato romano,
tan aguileño de uñas,
cuanto de narices chato.

Quiso hablar; mas replicóle
otro de unos escribanos,

diciendo se le debía,
porque era gato de gatos.

   Un gatillo de unos sastres
se le opuso por sus amos,
y fueron Toledo y Burgos
de las cortes de los cacos.

   Váyase aguja por pluma,
y por renglones, retazos;
el dedal por el tintero,
las puntadas por los rasgos.

   El archigato mandó
que enmudeciesen entrambos,
por ahorrar de mentiras
y de testimonios falsos.

   Tras los dos, caridoliente,
por ladrón, desorejado,
un gato de un pupilaje
se quejó de sus trabajos:

   «La hambre de cada día
me tiene tan amolado,
que soy punzón en el talle
y sierra en el espinazo.

   »Soy penitente en comer
y diciplinante a ratos,
pues, o como con mis uñas,
u de hambre me las masco.

   »Y sé deciros por cierto
que debe de haber un año
que, a puros huesos, mis tripas
se introducen en osario.»

   «¿Qué mucho es eso? —aquí dijo
un gatillo negro y manco,
que tras una longaniza
perdió un ojo entre muchachos—.

»Desdichado del que vive
por la mano de un letrado,
que me funda el no comer
en los Bártulos y Baldos.

»Pues, de puro engullir letras,
mi estómago es cartapacio,
y a poder de pergaminos
tengo el vientre encuadernado.»

«Hablemos todos —replica
un gato zurdo y marcado
con un chirlo por la cara,
sobre cierto asadorazo—.

»Un mercader me dio en suerte
la violencia de mis astros;
que es más grato que yo proprio,
pues vive de dar gatazos.

»Y por la vara en que mide,
ha venido a trepar tanto,
que se ha subido a las nubes,
para que lo lleve el diablo.

»Mejor gatea que yo,
y regatea por ambos;
a lo ajeno dice mío,
que es el mi de nuestro canto.

»En cuanto a comer, bien como;
mas cuéstame cara y caro,
pues de las varas que hurta,
a mí me da el diezmo en palos.

»Sin ser bellota ni encina,
mi cuerpo está vareado;
y sin ser gato de algalia,
azotes me tienen flaco.»

Doliéronse todos de él,
y el triste quedó llorando;

cuando un gato gentilhombre,
de buena presencia y manos,
   suspirando a su manera,
dijo tras sollozos largos:
«Yo soy un gato de bien,
aunque soy bien desgraciado.
   »A puro barrer sartenes
he perdido los mostachos:
que la hambre de mi casa
me fuerza a andar mendigando.
   »En cas de un rico avariento,
penitente vida paso;
sábenlo Dios y mis tripas,
y los vecinos que asalto.
   »No me da jamás castigo;
sólo tengo ese regalo;
aunque yo sospecho de él,
que, por no dar, no me ha dado.
   »Hoy, porque pesqué un mendrugo,
me dijo: «No hacerte andrajos,
agradécelo a tu cuero,
que para bolsón le guardo».
   »Ved si espero buena suerte.»
Mas al punto, cabizbajo,
desjarretada una pierna,
boquituerto y ojizaino,
   uno de los más prudentes
que jamás lamieron platos,
de los de mejor maúllo,
y más diestro en el araño,
   «Oíd mis sucesos —dijo—,
y atended a mis cuidados,
pues, hablando con respeto,
con un pastelero campo.

»Un mes ha que estoy con él,
y hanme dicho no sé cuántos
cómo mis antecesores
han parado en los de a cuatro.

»Quien los comió, por mi cuenta,
se halló, en la de Mazagatos,
el carnero moscovita
de los toros de Guisando;

»y el no venderme muy presto
lo tendrán a gran milagro:
que lo que es gato por liebre,
siempre lo vendió en su trato.

»Pastel hubo que aruñó
al que le estaba mascando,
y carne que oyendo «¡Zape!»
saltó cubierta de caldo.»

Atajóle las razones
otro, a quien dio cierto braco
tantos bocados un día,
que le dejó medio calvo.

Este vino con muletas;
que, por rascar cierto ganso,
dio en manos de un despensero,
y dieron en él sus manos.

Llegó con un tocador,
oliendo a ingüente y ruibarbo,
y dijo, chillando triste,
y hablando un poco delgado:

«Tened compasión, señores,
de mis turbulentos casos,
pues ha permitido el cielo
que sirviese a un boticario.

»Bebí ayer, que fui goloso,
no sé qué purga o brebajo,

y tuve, sin ser posada,
más cámaras que Palacio.

»Tampoco yo me sustento,
como otros, de lo que cazo,
porque con recetas mata
los ratones cuatro a cuatro.

»Poco ayudan, en efeto,
a mi buche estos gazapos;
pero en casa hay más ayudas,
buenas para los hartazgos.»

No bien acabó sus lloros,
cuando un gato afrisonado,
que hace la santa vida
en un refitorio santo,

con seis dedos de tozuelo,
más cola que un arcediano,
les dijo aquestas razones,
condolido de escucharlos:

«Después que yo dejé el mundo,
y entre bienaventurados
vivo haciendo penitencia,
tengo paz y duermo harto.

»Ya conocéis nuestra vida
cuán cortos tiene los plazos:
que vivos nos comen perros,
y difuntos los cristianos.

»Que tres pies de un muladar
nos suelen venir muy anchos,
y que de esta vida pobre,
aun el cuero no llevamos.

»Cuál nos encierra con trampas,
cuál gusta vernos en lazo;
cuál nos abrasa en cohetes,
sin hacer a nadie agravio.

»Y lo que aún más nos ayuda
a que nos maten temprano
es el parecer conejos
en estando desollados.

»Busquemos, si hay, otro mundo;
porque en éste, ¿qué alcanzamos?
Son gatos cuantos le viven
en sus oficios y cargos.

»El sastre y el zapatero,
ya cosiendo o remendando,
el uno es gato de cuero,
y el otro de seda o paño.

»Con un alguacil estuve
antes que tomara estado,
y al nombre de «*gato mío*»,
solía responder mi amo.

»El juez es gato real,
cual si fuera papagayo;
no hay mujer que no lo sea
en materia del agarro.

»Imitadme todos juntos,
pues que ya os imitan tantos;
meteos, cual yo, en religión
y viviréis prebendados.

»Cobrá amor al refitorio,
y cumplid el noviciado,
que se os lucirá en el pelo,
pues le luce a vuestro hermano.

»Póngase remedio en todo»,
dijo; mas, sin sospecharlo,
traído de cierto olor,
dio con la junta un alano.

Todos a huir se pusieron
con el nuevo sobresalto,

y en diferentes gateras
se escondieron espantados.
  Lamentando iban del mundo
los peligros y embarazos:
que aun de las tejas arriba
no pueden hallar descanso.

## Itinerario de Madrid a su torre

De ese famoso lugar,
que es pepitoria del mundo,
en donde pies y cabezas
todo está revuelto y junto,
　salí, señor, a la hora
que ya el sol, mascarón rubio,
de su caraza risueña
mostraba el primer mendrugo.
　Iba en Escoto, mi haca,
a quien tal nombre se puso
porque se parece al mismo
en lo sutil y lo agudo.
　Llegué a Toledo y posé,
contra la ley y estatutos,
siendo poeta, en mesón,
habiendo casa de Nuncio.
　Vi una ciudad de puntillas
y fabricada en un huso;

que si en ella bajo, ruedo,
y trepo en ella, si subo.

Vi el artificio espetera,
pues en tantos cazos pudo
mecer el agua Juanelo,
como si fuera en columpios.

Flamenco dicen que fue
y sorbedor de lo puro:
muy mal con el agua estaba,
que en tal trabajo la puso.

Vi, en procesión de terceros,
ensartado todo el vulgo,
y si yo comprara algo,
no hallara bueno ninguno.

En fin, la imperial Toledo
se ha vuelto, por mudar rumbo,
república de botargas,
en donde todos son justos.

Vi la puerta del Cambrón;
que, a lo que yo me barrunto,
a faltar la primer ene,
fuera una puerta de muchos.

Al fin salí de Toledo
para la Mancha, confuso,
cuando la alba lloraduelos
gime los ejidos mustios.

En esta tierra, el verano
va hecho un pícaro sucio,
sin árboles y sin flores,
que aún no se harta de juncos.

Allí primavera ahorra
lo que en Madrid gasta a bulto;
anda abril lleno de andrajos
y el proprio mayo desnudo.

Partí desde aquí derecho,
antes sospecho que zurdo,
a Segura de la Sierra,
que es un corcovo del mundo.

Los vecinos de este pueblo
viven todo el año junto;
y un mes batido con otro,
gozan a diciembre en junio.

Las viñas, para no helarse,
tienen, los meses adustos,
a las cepas con cacheras,
con tocadores los grumos.

Es gusto ver un castaño,
de miedo de los diluvios,
con su fieltro y su gabán
por agosto, muy ceñudo;

un peral con sabañones,
cuando en Aranjuez, maduros,
recelando que los rapen,
ya han puesto en cobro su fruto.

De aquí volví a mis estados:
éste sí que es lindo punto,
pues me mido como pozo,
y aun de ésos no tendré muchos.

Aquí cobro enfermedades,
que no rentas ni tributos,
y mando todos mis miembros,
y aun de éstos no mando algunos.

De Madrid salí, y de juicio;
y, sin dinero y sin gusto,
vuelvo triste y enlutado,
como misa de difuntos.

Describe operaciones del tiempo
y verifícalas también en las mudanzas
de las danzas y bailes

Lindo gusto tiene el Tiempo;
notable humorazo gasta:
él es socarrón machucho,
él es figurón de chapa.

Parece que no se mueve,
y ni un momento se para:
su oficio es masecoral,
y juego de pasa pasa.

¡Quién le ve calla callando,
andarse tras las quijadas,
sacando muelas y dientes
con tardes y con mañanas;

y sin decir «Allá voy»,
saltando de barba en barba,
enharinando bigotes
y ventiscando de canas!

Pues ¿a quién no hará reír
verle mondar una calva

para que puedan las moscas
con más descanso picarla,
  y muy falsito ponerse,
como que juega a las damas,
unas sopla y otras come,
negras unas y otras blancas?

  A los más hermosos ojos
se la pega de lagañas;
la boca masculla, que antes
de perlas mordió con sartas.

  ¿Qué es el mirarla, escondida
entre la nariz y barba,
la que fue de la alba risa,
estar cocando de Marta;

  y el ordeñar, como suele,
las manos y las gargantas;
que, quitándoles la leche,
quedan cazones y zapas?

  Pues ¿qué es verle fabricar
del cuerpo de una muchacha,
hija de padres honrados,
una dueña arriedro vayas?

  Pereciéndose de risa,
tras los espejos se anda,
viendo cómo el solimán
muy de pintamonas campa.

  Con los picos de narices
es con quien usa más chanzas,
pues unos llueven moquitas,
cuando otros se empapagayan.

  A todos los guardainfantes
se la jura de mortaja;
de calavera a los moños,
de ataúd a las enaguas.

Engúllese potentados
como si engullera pasas;
y, como si fueran nabos,
planta en la tierra monarcas.

Cansóse de ver en Roma
su grandeza y su arrogancia;
y cuantas provincias tuvo,
tanta le rapó a navaja.

Él metió en España moros:
¡mirad si tiene buena alma!;
y luego, por no estar quedo,
también los sacó de España.

De pastillas le sirvieron,
ardiendo, Troya y Numancia:
sepan si es caro el perfume
que con sus narices gasta.

No deja cosa con cosa,
ni deja casa con casa;
y como juega a los cientos,
idas y venidas gana.

Porque el carro de la Muerte
acelere sus jornadas,
sus Horas pone en las cuerdas
que la sirvan de reatas.

Hoy y mañana y ayer
son las redes con que caza:
devanaderas de vivos,
de los difuntos, tarascas.

Y tiene por pasatiempo
al más preciado de gambas
calzarle sobre juanetes
la lapidosa podagra.

Cuando está más descuidado
el bigote de la hampa,

del mal ladrón le introduce
diez pegujones de manchas.

　Va prestando navidades,
como quien no dice nada;
y porque no se le olviden,
con las arrugas las tarja.

　Al mancebo a quien corona
el primer bozo la habla,
sin poder andar le hace
pasar caballos a Francia.

　Quien ayer fue Zutanillo,
hoy el don Fulano arrastra;
y quien era don Fulano,
a los voses se arremanga.

　Antes contaba sus penas
el que nació entre las malvas;
y ya apenas tiene manos
para contar lo que guarda.

　A mí, porque no le entienda,
me inventa mil garambainas:
si digo que le he perdido,
me responde que él me gana.

　¡Miren cuál me tiene el rostro,
con brújulas de pantasma:
la una pata ya en la güesa,
y la güesa en la otra pata!

　Porque se está yendo siempre,
no le digo que se vaya;
y aunque tramposo de vidas,
nunca vuelve las que engaita.

　El hace burla de todo:
vive de tracamundanas,
dando que hacer a relojes
y a las fechas de las cartas.

Las galas de los antiguos
ha convertido en botargas,
y las marimantas viejas
las ha introducido en galas.

Las fiestas y los saraos
nos los trueca a mojigangas;
y lo que entonces fue culpa,
hoy nos la vende por gracia.

Los maestros de danzar,
con sus calzas atacadas,
yacen por esos rincones
digiriendo telarañas.

Floretas y cabrïolas
bellacamente lo pasan
después que las castañetas
les armaron zangamangas.

Con un rabel, un barbado
como una dueña danzaba,
y, acoceando el *Canario*,
hacía hablar una sala.

Mesuradas, las doncellas
danzaron con una arpa:
que una cama de cordeles
mucho menos embaraza.

Usábanse reverencias
con una flema muy rancia
y de *gementes et flentes*
las veras de la *Pavana*.

Salía el *Pie de gibao*,
tras mucha carantamaula,
con más cuenta y más razón
que tratante de la plaza.

Luego la *Danza del peso*,
una *Alta* y otra *Baja*;

y, con resabios de entierro,
la que dicen *De la hacha.*

*El conde Claros,* que fue
título de las guitarras,
se quedó en las barberías,
con *Chaconas,* de la gaya.

El Tiempecillo, que vio
en gran crédito las danzas,
pues viene, toma, y ¿qué hace?;
para darles una carda,

suéltales las *Seguidillas,*
y a *Ejecutor de la vara,*
y a la *Capona,* que en llaves
hecha castradores anda.

De la trena a *Escarramán*
soltó, sin llegar la pascua;
y al *Rastro,* donde la carne
se hace, bailando, rajas.

Vanse, pues, tras los meneos
los dos ojos de las caras,
los dineros de las bolsas,
de las vajillas la plata.

Después, la reminiscencia
son las pulgas de la cama;
visajes y jerigonzas,
azogue para las mantas,

para la cordura mosca,
para la consciencia escarba,
para el caduco incentivo,
para el avariento rabia.

Anéganse en perenales
los corrales y las plazas;
y el Tiempecito, de verlo,
se hunde de carcajadas.

Nadie, pues, firme le crea,
si no es en tener mudanzas;
tome pulsos, y ande en mula,
pues vive de lo que mata.

## Vejamen que da el ratón al caracol

Riéndose está el ratón,
en el umbral de su cueva,
del caracol ganapán,
que va con su casa a cuestas.
  Y viendo como arrastrando
por su corcova la lleva,
muy camello de poquito,
le dijo de esta manera:
  «Dime, cornudo vecino,
de un cuerno en que tú te hospedas,
¿qué callo de pie trazó
una alcoba tan estrecha?
  »Tú vives emparedado,
sin castigo o penitencia,
y hecho chirrión de tu casa,
la mudas y la trasiegas.
  »Vestirse de un edificio,
invención de sastre es nueva:

tú, albañil enjerto en sastre,
te vistes y te aposentas.

»El vivir un lobanillo,
es de podre y de materia;
y nunca salir de casa,
de persona muy enferma.

»Verruga andante pareces,
que ha producido la tierra;
muy preciado de que todo
sólo tú un palacio llenas.

»Si te viniese algún huésped,
¿qué aposento le aparejas,
tú, que en la mano de un gato,
por no admitirle, te encierras?

»Yo te llevaré a la Corte,
en donde no te defienda
de tercera parte o huésped
tu casilla tan estrecha.

»¿No te fuera más descanso
andarte por estas selvas
y en estos agujerillos
tener tu cama y tu mesa?

»Riéndose están de ti
los lagartos en las peñas,
los pájaros en los nidos,
las ramas en las acequias.

»Esa casa es tu mortaja:
de buena cosa te precias,
pues vives el ataúd,
donde es forzoso que mueras.

»De una fábrica presumes
que Vitruvio no la entienda;
y si vale un caracol,
en dos ninguno la precia.

»Y citar puedo a Vitruvio,
porque soy ratón de letras,
que en casa de un arquitecto
comí a Viñola una nesga.

»Sacar los cuernos al sol,
ningún marido lo aprueba,
aunque de ellos coma; y tú
muy en ayunas los muestras.

»Dirás que me caza el gato,
con todas estas arengas;
¿y a ti no te echan la uña
los viernes y las cuaresmas?

»¿No te guisan y te comen
entre abadejo y lentejas?
¿Y hay, después de estar guisado,
alfiler que no te prenda?

»Pero de matraca baste,
que yo espero gran respuesta;
y aunque soy más cortesano,
me he de correr más apriesa.»

Califica a Orfeo para idea
de maridos dichosos

Orfeo por su mujer
cuentan que bajó al Infierno;
y por su mujer no pudo
bajar a otra parte Orfeo.

Dicen que bajó cantando;
y por sin duda lo tengo,
pues, en tanto que iba viudo,
cantaría de contento.

Montañas, riscos y piedras
su armonía iban siguiendo;
y si cantara muy mal,
le sucediera lo mesmo.

Cesó el penar en llegando
y en escuchando su intento:
que pena no deja a nadie
quien es casado tan necio.

Al fin pudo con la voz
persuadir los sordos reinos;

aunque el darle a su mujer
fue más castigo que premio.

Diéronsela lastimados;
pero con ley se la dieron
que la lleve y no la mire:
ambos muy duros preceptos.

Iba él delante guïando,
al subir; porque es muy cierto
que, al bajar, son las mujeres
las que nos conducen, ciegos.

Volvió la cabeza el triste:
si fue adrede, fue bien hecho;
si acaso, pues la perdió,
acertó esta vez por yerro.

Esta conseja nos dice
que si en algún casamiento
se acierta, ha de ser errando,
como errarse por aciertos.

Dichoso es cualquier casado
que una vez queda soltero;
mas de una mujer dos veces,
es ya de la dicha extremo.

## Carta de Escarramán a la Méndez

  Ya está guardado en la trena
tu querido Escarramán,
que unos alfileres vivos
me prendieron sin pensar.
  Andaba a caza de gangas,
y grillos vine a cazar,
que en mí cantan como en haza
las noches de por San Juan.
  Entrándome en la bayuca,
llegándome a remojar
cierta pendencia mosquito,
que se ahogó en vino y pan,
  al trago sesenta y nueve,
que apenas dije «Allá va»,
me trujeron en volandas
por medio de la ciudad.
  Como al ánima del sastre
suelen los diablos llevar,

iba en poder de corchetes
tu desdichado jayán.

Al momento me embolsaron,
para más seguridad,
en el calabozo fuerte
donde los godos están.

Hallé dentro a Cardeñoso,
hombre de buena verdad,
manco de tocar las cuerdas,
donde no quiso cantar.

Remolón fue hecho cuenta
de la sarta de la mar,
porque desabrigó a cuatro
de noche en el Arenal.

Su amiga la Coscolina
se acogió con Cañamar,
aquel que, sin ser San Pedro,
tiene llave universal.

Lobrezno está en la capilla.
Dicen que le colgarán,
sin ser día de su santo,
que es muy bellaca señal.

Sobre el pagar la patente
nos venimos a encontrar
yo y Perotudo el de Burgos:
acabóse la amistad.

Hizo en mi cabeza tantos
un jarro, que fue orinal,
y yo con medio cuchillo
le trinché medio quijar.

Supiéronlo los señores,
que se lo dijo el guardián,
gran saludador de culpas,
un fuelle de Satanás.

Y otra mañana a las once,
víspera de San Millán,
con chilladores delante
y envaramiento detrás,

  a espaldas vueltas me dieron
el usado centenar,
que sobre los recibidos
son ochocientos y más.

  Fui de buen aire a caballo,
la espalda de par en par,
cara como del que prueba
cosa que le sabe mal;

  inclinada la cabeza
a monseñor cardenal;
que el rebenque, sin ser papa,
cría por su potestad.

  A puras pencas se han vuelto
cardo mis espaldas ya;
por eso me hago de pencas
en el decir y el obrar.

  Agridulce fue la mano;
hubo azote garrafal;
el asno era una tortuga,
no se podía menear.

  Sólo lo que tenía bueno
ser mayor que un dromedal,
pues me vieron en Sevilla
los moros de Mostagán.

  No hubo en todos los ciento
azote que echar a mal;
pero a traición me los dieron:
no me pueden agraviar.

  Porque el pregón se entendiera
con voz de más claridad,

trujeron por pregonero
las sirenas de la mar.

Invíanme por diez años
(¡sabe Dios quién los verá!)
a que, dándola de palos,
agravie toda la mar.

Para batidor del agua
dicen que me llevarán,
y a ser de tanta sardina
sacudidor y batán.

Si tienes honra, la Méndez,
si me tienes voluntad,
forzosa ocasión es ésta
en que lo puedes mostrar.

Contribúyeme con algo,
pues es mi necesidad
tal, que tomo del verdugo
los jubones que me da;

que tiempo vendrá, la Méndez,
que alegre te alabarás
que a Escarramán por tu causa
le añudaron el tragar.

A la Pava del cercado,
a la Chirinos, Guzmán,
a la Zolla y a la Rocha,
a la Luisa y la Cerdán;

a mama, y a taita el viejo,
que en la guarda vuestra están,
y a toda la gurullada
mis encomiendas darás.

Fecha en Sevilla, a los ciento
de este mes que corre ya,
el menor de tus rufianes
y el mayor de los de acá.

## Desafío de dos jaques

   A la orilla de un pellejo,
en la taberna de Lepre,
sobre si bebe poquito,
y sobre si sobrebebe,
   Mascaraque el de Sevilla,
Zamborondón el de Yepes,
se dijeron mesurados
lo de sendos remoquetes.
   Hubo palabras mayores
de lo de «No como liebre»;
«Ni yo a la mujer del gallo
nadie ha visto que la almuerce.»
   «¿Tú te apitonas conmigo?»
«¿Hiédete el alma, pobrete?»
«Salgamos a berrear,
veremos a quién le hiede.»
   Hubo mientes como el puño,
hubo puño como el mientes,

granizo de sombrerazos
y diluvio de cachetes.

Hallóse allí Calamorra,
sorbe, si no mata, siete,
bravo de contaduría,
de relaciones valiente.

Con lo del «Ténganse, digo»,
y un varapalo solene,
solfeando coscorrones,
hace que todos se arredren.

Zamborondón, que de zupia
enlazaba el capacete,
armado de tinto en blanco,
con malla de cepa el vientre,

acandilando la boca
y sorbido de mofletes,
a la campaña endereza,
llevando el vino a traspieses.

Entrambos las hojarascas
en el camino, previenen:
el uno, la *Sacabucha,*
y el otro, la *Sacamete.*

Séquito llevan de danza;
en puros pícaros hierven;
por una y por otra parte
van amigos y parientes.

Acogióse a toda calza
a dar el punto a la Méndez
el cañón de Mascaraque,
Marquillos de Turuleque.

A la Puente segoviana
los dos jayanes decienden,
asmáticos los resuellos,
descoloridas las teces.

Como se tienen los dos
por malos correspondientes,
de espaldas van atisbando
los pasos con que se mueven.
   Manzorro, cuyo apellido
es del solar de los equis,
que metedor y pañal
de paces ha sido siempre,
   preciado de repertorio,
y almanaque de caletre,
quiso ensalmar la pendencia,
y propuso que se cuele.
   Bramaban como los aires
del enojado noviembre,
y de andar a sopetones
los dos están en sus trece.
   Mojagón, que del sosquín
ha sido zaino eminente,
y en los soplos y el cantar
es juntos órgano y fuelles,
   dijo, en bajando a lo llano,
que está entre el Parque y la Puente:
«Para una danza de espadas,
el sitio dice coméme».
   Los dos se hicieron atrás,
y las capas se revuelven:
sacaron a relucir
las espadas, hechas sierpes.
   Mascaraque es Angulema,
científico, y Arquimedes,
y más amigo de atajos
que las mulas de alquileres.
   Zamborondón, que de líneas
ninguna palabra entiende,

y esgrime a lo colchonero,
Euclides de mantinientes,
   desatando torbellinos
de tajos y de reveses,
le rasgó en la jeta un palmo,
le cortó en la cholla un jeme.

   El otro, con la sagita,
le dio en el brazo un piquete;
ambos están con el mes:
colorado corre el pebre.

   Acudieron dos lacayos
y gran borbotón de gente;
andaba el «Ténganse afuera»,
y «Llamen quien los confiese».

   Tirábanse por encima
de los piadosos tenientes,
amenazando la caspa,
unas heridas de peine.

   En esto, desaforada,
con una cara de viernes,
que pudiera ser acelga
entre lentejas y arenques,

   la Méndez llegó chillando,
con trasudores de aceite,
derramado por los hombros
el columpio de las liendres.

   El «¡Voto a Cristo!» arrojaba
que no le oyeron más fuerte
en la legua de Getafe
ni las mulas ni los ejes.

   «Cuando pensé que tuvieras
que contar más una muerte,
¿te miro de Maribarbas,
con dos rasguños las sienes?

«Andaste tú reparando
si Moñorros me divierte,
¿y no reparas un chirlo
que todo el testuz te yende?

»¿Estaba esa hoja en Babia,
que no socorrió tus dientes?
¿De recibidor te precias,
cuando por dador te vendes?»

Llegóse a Zamborondón,
callando bonicamente,
y sonóle las narices
con una navaja a cercen,

diciendo: «Chirlo por chirlo,
goce deste la Pebete;
quien a mi amigo atarasca,
mi brazo le calavere».

A puñaladas se abrasan;
unos con otros se envuelven;
andaba el «moja la olla»
tras la goda delincuente,

cuando se vieron cercados
de alguaciles y corchetes,
de plumas y de tinteros,
de espadas y de broqueles.

Al «¡Ténganse a la justicia!»,
todo cristiano ensordece.
«Favor al rey» piden todos
los chillones escribientes.

La Méndez dijo: «Mancebos,
si favor para el rey quieren,
a mí me parece bien:
llévenle esta cinta verde».

Unos se fueron al Ángel,
con el diablo a retraerse;

otros, por medio del río,
tomaron trote de peces.
 Manzorro cogió dos capas,
una vaina y un machete:
que desde niño se halla
lo que a ninguno se pierde.

# Indice

| | |
|---|---|
| Prólogo … … … … … … … … … … | 7 |
| Represéntase la brevedad de lo que se vive y cuán nada parece lo que se vivió … … … … … … | 17 |
| Salmo I … … … … … … … … … … | 18 |
| Salmo XVII … … … … … … … … | 19 |
| Salmo XIX … … … … … … … … | 20 |
| Burla de los que son dones quieren granjear del Cielo pretensiones injustas … … … … | 21 |
| Reprehende a un amigo débil en el sentimiento de las adversidades, y exhórtale a su tolerancia … | 22 |
| Abundoso y feliz Licas en su palacio, sólo él es despreciable … … … … … … … … … | 23 |
| Desde la Torre … … … … … … … … … | 24 |
| A una mina … … … … … … … … … | 25 |
| Exhortación a una nave nueva al entrar en el agua. | 29 |
| El reloj de arena … … … … … … … … | 32 |
| Reloj de campanilla … … … … … … … | 34 |

| | |
|---|---|
| El reloj de sol ... ... ... ... ... ... ... ... ... ... | 36 |
| A los huesos de un rey que se hallaron en un sepulcro, ignorándose, y se conoció por los pedazos de una corona ... ... ... ... ... ... ... ... | 38 |
| Alaba la calamidad ... ... ... ... ... ... ... ... | 42 |
| Al inventor de la pieza de artillería ... ... ... | 44 |
| Epístola satírica y censoria contra las costumbres presentes de los castellanos, escrita a don Gaspar de Guzmán, conde de Olivares, en su valimiento ... ... ... ... ... ... ... ... ... ... ... | 48 |
| Juicio moral de los cometas ... ... ... ... ... | 56 |
| Refiere cuán diferentes fueron las acciones de Cristo Nuestro Señor y de Adán ... ... ... ... | 58 |
| A un pecador ... ... ... ... ... ... ... ... ... ... | 59 |
| Al pincel ... ... ... ... ... ... ... ... ... ... ... | 60 |
| A la estatua de bronce del santo rey don Filipe III, que está en la Casa del Campo de Madrid, traída de Florencia ... ... ... ... ... | 66 |
| A Roma sepultada en sus ruinas ... ... ... ... | 67 |
| Inscripción de la estatua augusta del César Carlos Quinto en Aranjuez ... ... ... ... ... ... | 68 |
| A un retrato de don Pedro Girón, Duque de Osuna, que hizo Guido Boloñés, armado, y grabadas de oro las armas ... ... ... ... ... ... | 69 |
| Memoria inmortal de don Pedro Girón, duque de Osuna, muerto en la prisión ... ... ... ... ... | 70 |
| Inscripción al túmulo de la excelentísima Duquesa de Lerma ... ... ... ... ... ... ... ... ... ... | 71 |
| Sepulcro de Jasón el argonauta ... ... ... ... | 72 |
| Filosofía con que intenta probar que a un mismo tiempo puede un sujeto amar a dos ... ... | 73 |
| A un caballero que se dolía del dilatarse la posesión de su amor ... ... ... ... ... ... ... ... | 74 |
| El sueño ... ... ... ... ... ... ... ... ... ... ... | 75 |

Indice 143

| | |
|---|---|
| Amor de sola una vista nace, vive, crece y se perpetúa ... ... ... ... ... ... ... ... ... ... | 79 |
| Amor constante más allá de la muerte ... ... ... | 80 |
| Túmulo de la mujer de un avaro que vivió libremente, donde hizo esculpir un perro de mármol llamado «Leal» ... ... ... ... ... ... ... ... | 81 |
| Calvo que no quiere encabellarse ... ... ... ... | 82 |
| Al señor de un convite, que le porfiaba comiese mucho ... ... ... ... ... ... ... ... ... ... ... | 83 |
| Sacamuelas que quería concluir con la herramienta de una boca ... ... ... ... ... ... ... ... | 84 |
| Letrilla satírica Poderoso caballero es don Dinero. | 85 |
| La Fénix ... ... ... ... ... ... ... ... ... ... | 89 |
| El Basilisco ... ... ... ... ... ... ... ... ... ... | 93 |
| Refiere su nacimiento y las propiedades que le comunicó ... ... ... ... ... ... ... ... ... ... | 96 |
| Visita de Alejandro a Diógenes, filósofo cínico ... | 101 |
| Consultación de los gatos, en cuya figura también se castigan costumbres y aruños ... ... ... ... | 107 |
| Itinerario de Madrid a su torre ... ... ... ... | 115 |
| Describe operaciones del tiempo y verifícalas también en las mudanzas de las danzas y bailes ... | 118 |
| Vejamen que da el ratón al caracol ... ... ... | 125 |
| Califica a Orfeo para idea de maridos dichosos ... | 128 |
| Carta de Escarramán a la Méndez ... ... ... ... | 130 |
| Desafío de dos jaques ... ... ... ... ... ... ... | 134 |